科技型中小企业
产学研协同创新伙伴选择研究

演化博弈、仿真分析与综合评价

苏妮娜 ◎ 著

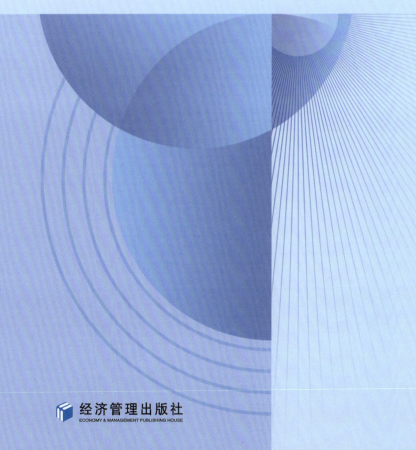

经济管理出版社
ECONOMY & MANAGEMENT PUBLISHING HOUSE

图书在版编目（CIP）数据

科技型中小企业产学研协同创新伙伴选择研究 ：演
化博弈、仿真分析与综合评价 ／ 苏妮娜著． -- 北京 ：
经济管理出版社，2025． -- ISBN 978-7-5243-0247-6

Ⅰ．F279.244.4

中国国家版本馆 CIP 数据核字第 2025W9Z785 号

组稿编辑：谢　妙
责任编辑：谢　妙
责任印制：许　艳
责任校对：蔡晓臻

出版发行：经济管理出版社
　　　　　（北京市海淀区北蜂窝 8 号中雅大厦 A 座 11 层　100038）
网　　　址：www. E-mp. com. cn
电　　　话：（010）51915602
印　　　刷：北京市海淀区唐家岭福利印刷厂
经　　　销：新华书店
开　　　本：720mm×1000mm/16
印　　　张：12.5
字　　　数：225 千字
版　　　次：2025 年 5 月第 1 版　　2025 年 5 月第 1 次印刷
书　　　号：ISBN 978-7-5243-0247-6
定　　　价：88.00 元

前　言

随着技术集成化程度日益加深，以高精尖技术为基础的新兴产业逐渐成熟，更多的相关技术在上下游领域形成纽带关系，协同创新也逐步向大型化、复杂化方向发展。科技型中小企业因自身技术含量高、组织调度灵活等优势，逐渐演变为推动技术创新的中坚力量。但由于创新资源短缺、技术人才不足、融资困难等不利因素，科技型中小企业普遍存活时间较短。尽管以往研究认识到科技型中小企业在产学研协同创新中的重要性，也不乏探讨伙伴关系对创新绩效影响的研究，但是针对我国现阶段科技型中小企业产学研协同创新伙伴的内涵，在伙伴选择的动因、影响因素、评价模型等诸多方面，仍有许多值得探讨的空间。

本书以促进科技型中小企业发展壮大为切入点，基于对产学研协同创新模式的深入探讨，围绕科技型中小企业产学研协同创新伙伴选择这一核心问题，通过文献梳理、理论推演、仿真计算等，详细研究了科技型中小企业产学研协同创新伙伴选择的关键环节。具体研究内容如下：一是在界定科技型中小企业产学研协同创新伙伴内涵的基础上，按技术水平匹配程度划分伙伴关系，探讨伙伴选择的主要特征，并从内因和外因两个视角分析协同创新伙伴选择的动力因素，进而构建科技型中小企业产学研协同创新伙伴选择模型；二是分析科技型中小企业与学研方伙伴、企业伙伴间产学研协同创新模式的特点，构建基于有限理性的演化博弈模型，通过研究演化路径和均衡点的位置，分析不同伙伴类型对科技型中小企业产学研协同创新的影响；三是构建多主体参与下科技型中小企业伙伴选择仿真模型，探讨微观选择对宏观现象的影响，并基于主体建模理论分析初始需求、创新资源、路径依赖、技术水平和地理优势等条件对伙伴选择的影响；四是采用多粒度语言构建协同创新过程中伙伴选择评价指标体系，运用熵权法计算多属性权重，结合决策主体即企业管理者风险态度的不同偏好，引入改进前景理论价值函数计算收益损失比，对备选方案按照不同风险态度的优劣进行排序，以探讨影响科技型中小企业产学研协同创新的伙伴选择问题。

通过本书的理论构建和细化研究，得到如下主要结论：一是科技型中小企业不同于传统大型企业，伙伴选择对其产学研协同创新的成功率和可持续发展有重要影响，伙伴的类型、关系、选择特征等因素均会影响科技型中小企业产学研协同创新伙伴选择；二是由于不同类型伙伴的创新资源存在差异，对科技型中小企业产学研协同创新的影响不同，因此学研方伙伴协同创新应加强对协同过程的监督管理，企业伙伴协同创新则应重点关注双方的技术外化、吸收能力；三是在伙伴选择时应该坚持以实际情况为依据，寻找与自身发展情况、技术力量相匹配的合作伙伴，盲目追求技术含量高的科研机构或高校院所不利于协同创新效率的提高；四是在选择协同创新伙伴时，应该客观认识科技型中小企业管理者的风险态度对协同创新伙伴选择的作用，最大程度降低风险发生的可能性。

本书的主要创新之处包括以下三个方面：一是阐述了产学研协同创新伙伴选择的五个特征，并提出应当正视管理者的风险态度对协同创新伙伴选择的影响，据此构建综合评价指标体系；二是从个体因素与群体效应双重视角探讨了科技型中小企业产学研协同创新伙伴选择的作用；三是将多粒度犹豫模糊、模糊熵、改进前景理论、TOPSIS 等方法进行融合，采用组合评价方法帮助科技型中小企业在复杂多变的市场需求下，充分发挥自身调度灵活的优势，合理、高效地完成协同创新伙伴选择。

本书在理论阐述、仿真模拟、算例实证的基础上，从推动科技型中小企业产学研协同创新深入开展的角度提出了相应的实践研究启示：科技型中小企业应正视管理者的风险态度对产学研协同创新伙伴选择的影响，在充分理解不同类型伙伴差异的基础上，结合自身需求选择适宜的合作伙伴。

苏妮娜

2024 年 11 月

目　录

第1章 绪论

1.1 研究背景与问题提出

1.1.1 现实背景

第一，科技型中小企业是经济发展的重要推动者。

科学技术的发展推动了多领域、多学科之间的交叉应用，创新不仅是企业竞争的有力手段，还关系到国家或地区的综合竞争力。面对科技创新发展新趋势，2015 年 5 月国务院发布了《中国制造 2025》，并将其作为我国实施制造强国战略第一个十年的行动纲领。《中国制造 2025》对创新给予了高度重视，提出"坚持把创新摆在制造业发展全局的核心位置，完善有利于创新的制度环境，推动跨领域跨行业协同创新，突破一批重点领域关键共性技术，促进制造业数字化网络化智能化，走创新驱动的发展道路"。2016 年 3 月发布的"十三五"规划纲要更是进一步强调了《中国制造 2025》的重要战略意义。2010—2019 年政府研究与试验发展（R&D）资助力度持续增强，全国研发经费总投入从 7062.6 亿元增长至 22143.6 亿元，研发强度由 1.76% 增长至 2.23%。科技投入比例持续增长为企业注入了强有力的创新催化剂，更促进了高新技术产品和服务快速更迭。

企业作为市场经济中最主要的创新主体，在推动科技进步、产业升级、经济增长等方面具有重要地位。以 2019 年为例，各类企业 R&D 经费支出为

16921.8 亿元，占全国研发经费总投入的 76.40%；政府属研究机构经费支出为 3080.8 亿元，占全国研发经费总投入的 13.9%；高等学校经费支出为 1796.6 亿元，仅占全国研发经费总投入的 8.10%。

2018 年 6 月 14 日，在第十届陆家嘴金融论坛上中国人民银行行长易纲指出，在美国、日本、德国等国家，中小企业为经济发展作出 50% 左右的贡献，提供 60%~70% 的就业岗位。我国自改革开放以来的实践证明，中小企业、小微企业迅速崛起，在整个市场主体中占到 90% 以上，为约 80% 的就业岗位、约 70% 的发明专利、60% 以上的 GDP 和 50% 以上的税收作出了卓越贡献（谢申祥等，2021）。中小微企业尽管个体规模有限，但是其健康发展的态势极大地促进了整体经济增长。2019 年国家统计局公布的第四次全国经济普查系列报告指出，"中小微企业成为推动经济发展的重要力量"。报告显示：截至 2018 年底，中小企业就业人员达到 2.33 亿人，占全部企业就业人员的比重为 79.4%；中小企业全年营业收入达 188.2 万亿元，占全部企业全年营业收入的 68.2%（黄茂兴、廖萌，2020）。其中，信息传输、软件和信息技术服务业企业 91 万家，占比为 5.0%；科学研究和技术服务业企业为 114.1 万家，占比为 6.3%。中小企业在稳就业、保民生等方面作出了重要贡献。

在各地市区产业园中，科技型中小企业不仅在数量上占有优势，还凭借其知识密集性、市场敏感性、调度灵活性成为紧跟科技创新步伐的高科技产品研发主力军。相关数据显示，在全国 112 个国家级、省级高新技术开发区中，科技型中小企业占到 70% 以上，全国约 65% 的专利发明、75% 以上的技术创新以及 80% 以上的新产品是由科技型中小企业积极贡献的，其对经济发展的重要作用不言而喻（房建奇，2020）。

第二，新冠病毒感染疫情冲击下科技型中小企业面临挑战与机遇。

就平均存活时间而言，我国中小企业平均从孵化到衰败只有 3 年左右，远低于美国 8 年、日本 12 年的中小企业平均存活时间。2020 年新型冠状病毒感染疫情席卷全球，中小企业受到较大的冲击，诸多科技型中小企业面临供应链断裂、流动资金锐减、周转困难、海外市场不稳定等动荡局面。朱武祥等（2020）在疫情初期发放了调查问卷，1509 份问卷涉及 31 个省区市（不包括港澳台地区）的 1435 家中小企业和 212 家大中企业，85.8% 的中小企业资金运转维持能力不超过 3 个月，其中主要支出压力为员工工资和社保缴费，占比 58.4%。而中国中小企业协会对全国 6422 家中小企业的调查也同样展现了其所处的多重困境（黄茂兴、廖萌，2020）：30.5% 的企业市场订单减少；27.09% 的企业出现客户流失；8.08% 的企业融资难度加大。此外，还面临物流压力较大、产业链缺失、合同纠纷等困境。多数科技型中小企业不得不主动暂停部分研发项目，部分企业甚至通过开源节流等方法断臂求生。

通过这次冲击，更多的科技型中小企业认识到自身抗风险能力弱、资金规模有限、人才流动频繁的劣势，这也促使其积极向智能化、数字化、远程化等方向靠拢，积极同外部资源寻求合作，探索能够有效提高自身实力、为后续转型发展奠定良好基础的路径。客观条件的限制，使科技型中小企业积极探索与产学研机构协同创新，构建资源共享、风险共担的稳定伙伴关系。

1.1.2 理论背景

第一，产学研协同创新是科技型中小企业提高创新能力的有效途径。

近年来，有关产学研协同创新的研究已经引起学术界的广泛关注（李柏洲、尹士，2018；游达明、黄曦子，2016）。根据资源依赖理论可知，企业创新所需的资源不可能完全脱离外部环境而获得，即不能由企业一力承担（李奇峰，2020）。同时，信息技术的普及，知识和技术的传播速度加快，技术人才在业内频繁流动，区域经济促进政策对产业或技术的引导作用加强，这些外部环境的变化使传统的采取封闭式创新的中小企业受到前所未有的挑战，尤其是对于科技型中小企业而言。如何依据科技型中小企业的演变和发展规律，延续其存活时间，帮助其发展壮大，成为促进区域乃至国家经济发展的重要课题（王发明、刘丹，2016）。在现代制造环境下，对产品要求越来越高，使科技型中小企业研发过程越来越复杂化、全面化。创新不仅需要企业自身的资源，还对企业间不同领域的信息、跨学科知识及其他智力资本的有效流动提出更高的要求。企业在研发创新活动中更渴望主动获取外部异质性或稀缺性资源、有价值的知识或专有技术（刘克寅、汤临佳，2016a）。

科技型中小企业作为技术创新的新兴力量，需要良好的创新平台和环境，这样才能充分发挥其锐意进取的优势（粟进、宋正刚，2014）。中小企业受困于研发资金匮乏、创新人才不足、社会认可度低及缺乏良好科技资源共享平台等现状，自主创新能力较大型企业相对薄弱，对产学研协同创新的需求也更为迫切。产学研协同创新已成为提高创新项目成功率、降低创新风险、缩短创新周期的主要途径。

第二，伙伴选择有助于协同创新效率的提升。

科技型中小企业产学研协同创新本质是为获取异质性资源和技术，降低对外部资源的依赖程度（Collins，2013）。不仅是在创新资源上，科技型中小企业还将创新目标由传统产品或传统技术领域转向了上下游领域、技术相关领域，通过委托研究、风险投资、寻找合作伙伴等商业模式来拓展促进技术创新成果转化的途径，获取更多可能。

现有理论分析表明（刘克寅、汤临佳，2016b），企业参与产学研协同创新以周期短、见效快的合作项目为主，难以形成长久稳定的良性关系。究其原因，一方面受限于企业自身的战略规划；另一方面企业与合作伙伴间缺乏有效合理的沟通机制，存在吸收应用能力欠缺、合作形式单一、利益分配不均、协调能力差等多方面问题。伙伴间创新资源要素错配是企业产学研协同创新失败的重要原因之一。在协同创新前期，企业往往会综合考察协同创新伙伴多方面的能力，以避免资源的冗余和重复投资（Wassmer et al.，2017），而在项目开展中期，企业会更多地综合考量合作伙伴创新目标的一致性、技术或知识产权的公允性、沟通交流的便利性等因素。因此，产学研协同创新伙伴选择的好坏，直接决定了参与主体在技术共享和创新研发方面的效率。同时，谨慎地选择协同创新伙伴，可以降低机会主义行为导致的损失，减小负面影响，避免陷入创新困境（郝斌等，2014）。

1.1.3 问题提出

随着技术复杂化、集成化发展，科技型中小企业面临承受的研发风险和创新成本剧增以及技术产品生命周期越来越短的市场现状。仅依靠自身条件，企业难以维持具有竞争优势的研发活动。为弥补企业在内部创新资源上的不足，科技型中小企业开始将协同创新、技术联盟、合作攻关等方式当作获取外部知识的主要途径。然而，产学研协同创新并没有给企业带来预期效益，有些甚至半途而废，其中主要的原因是伙伴关系错配，即伙伴选择问题。

这主要在于产学研协同创新活动本身涉及多主体间组织类型、协同目标、技术资源等方面的碰撞和磨合，使伙伴选择的匹配程度对协调创新成功率有潜在的影响。虽然也有学者关注科技型中小企业这一特殊群体在产学研协同创新中的重要地位，但是由于协同创新伙伴选择决策行为本身具有复杂性，仍有一些关键问题尚未得到一致答案。一是科技型中小企业产学研协同创新伙伴选择的内在机理尚不明确，缺乏结合科技型中小企业扁平状组织结构特性和资源配置特征的深入研究，企业在不同情境下伙伴选择的影响因素不明确；二是围绕产学研协同创新伙伴选择的研究主要集中在伙伴创新资源异质性或互补性方面，缺乏从根源上区分不同类型伙伴间组织制度、目标需求、资源配置等差异性对产学研协同创新的影响，且对协同创新伙伴选择的研究主要围绕实证方面，理论研究仍需要进一步推进；三是协同创新伙伴选择涉及伙伴多方面的差异，而科技型中小企业管理实践往往无法全盘考虑上述因素，在不同类型伙伴并存的情况下也要结合市场实际需要开展产学研协同创新，因此伙伴选择的决策方法有待进一步完善。由此可见，科技型中小企业伙伴选择作为产学研协同创新的初始步骤，对创新效率有显著影响。如何帮助科技型中小企业在伙伴差异性客观存在的情况下，结合企业所处的发展阶段及具有的规模、行业特征等因素，分析其当期资源缺口和风险态度（邓渝，2016），开展卓有成效的产学研协同创新伙伴选择，成为亟待解决的难题。

1.2　研究意义

1.2.1　理论意义

第一，丰富了科技型中小企业产学研协同创新伙伴选择的理论框架体系。

综观现有的文献研究，国内外学者不乏探讨产学研协同创新伙伴与创新绩效的理论研究，涵盖不同视角和分析层面，涉及伙伴关系强度、网络密度、度量标准等多个方面，研究主要围绕核心企业或创新网络展开，针对科技型中小企业的研究相对匮乏，且以实证研究为主。本书以科技型中小企业为研究对象，探讨产学研协同创新过程中伙伴的内涵，通过分析伙伴间技术水平的匹配程度，提出将协同创新伙伴关系根据技术水平匹配程度的高低定义分为技术购买或转让关系、联合开发关系、依附关系、技术主导和竞合关系。同时，依据伙伴创新基础条件、自主研发能力、综合管理能力、推广能力和风险管理能力的不同，提出科技型中小企业产学研协同创新伙伴选择综合评价模型。

第二，分析了不同类型的伙伴关系对科技型中小企业产学研协同创新的影响存在差异的作用原理。

科技型中小企业兼具新创企业、高新技术企业和中小企业的特征，是科技与经济结合的产物。从企业视角出发，不同类型的伙伴对协同创新的作用机理不同。以往研究未能充分理解组织结构差异、创新目标差异、创新资源差异对伙伴间协同的影响。因此，针对研究现状，本书基于资源基础理论、协同学理论、演化博弈理论和前景理论，探讨科技型中小企业产学研协同创新过程中学研方与企业两种伙伴类型的特征，并分别构建协同创新演化博弈模型。由于维度不同，科技型中小企业与学研方之间主要表现为创新需求差异和组织结构差异，而科技型中小企业与企业之间的差异主要是资源差异，因此根据两种不同类型伙伴关系构建博弈模型的侧重点不同。

1.2.2 现实意义

第一，通过对科技型中小企业伙伴选择的分析研究所得到的结论，为企业产学研协同创新伙伴关系形成提供借鉴。

科技型中小企业对市场敏感度高，迫切需要面对机遇快速展开合作，找到匹配的产学研协同创新伙伴对其而言尤为重要。研究成果对科技型中小企业伙伴选择有一定的启示性：企业能够通过技术水平的匹配程度判断自身与伙伴之间的协同关系，充分认识产学研协同创新伙伴关系的内涵，尤其是对于处在竞合关系当中的企业，应当更进一步思考如何在保持自身竞争优势的前提下，取他人所长，补己之短。同时，研究成果也更深层次地为科技型中小企业抓住机遇、提升创新绩效提供了实践指导。

第二，通过探讨管理者的风险态度对科技型中小企业产学研协同创新伙伴选择的作用机理，为企业管理提供理论指导。

科技型中小企业组织架构灵活，管理者的风险态度在决策中起到了至关重要的作用。厘清这一思路有助于企业加强对管理者冒险型、中间型或保守型风险态度的清醒认知，强化协同创新过程中的监督管理机制，从而避免因盲目冒进或拘谨保守而错失市场或技术变革的机遇。

第三，为科技型中小企业产学研协同创新伙伴选择的决策提供依据，为企业间协同创新提供经验借鉴和指导。

结合科技型中小企业产学研协同创新伙伴选择的特点，提出决策方案，通过组合现有多目标决策理论，使之完全匹配科技型中小企业伙伴选择的特殊性。首先，通过改进前景理论，提出考虑管理者风险态度的模型；其次，引入多粒度犹豫模糊的概念，避免企业信息存在不可量化、不完整的情况；再次，建立科技型中小企业伙伴选择的评价指标体系；最后，构建模糊熵计算未知权重的综合评价方法，避免主观赋权法对客观事实的影响。综合评价使产学研协同创新伙伴选择方案更加客观、准确，可以帮助科技型中小企业快速选择与之相匹配的合作伙伴。

1.3 研究综述

1.3.1 科技型中小企业的相关研究

1.3.1.1 科技型中小企业的内涵及特征

随着经济的不断发展，科技型中小企业这一概念已经众所周知，但是在学术层面上还没有达成统一的共识。从文字层面可以看出，科技型中小企业是由"科技型企业+中小企业"组成的复合概念名词，尽管这一概念从企业性质和规模等方面表述了这一类型的基本特点，但是学术界对其具体内涵的认知还存在一些差异。

（1）科技型中小企业的界定。国内外研究中对科技型中小企业的界定大体上分为定性与定量两种不同的方法。定性分析主要以企业的性质或产品类型为依据，而定量判断会以一些特殊的量化指标为依据，对企业进行综合评定。1999~2017 年，科技型中小企业的界定标准经历了多次修正，由最初的侧重企业规模、高层次人才比例、研发经费投入等直观指标参数，逐步形成了一套完整的、严谨的科技型中小企业评价指标体系，涵盖了科技人员、研发投入、科技成果三个方面。具体认定条件如下：

1999 年《科学技术部 财政部关于科技型中小企业技术创新基金的暂行规定》明确表示，科技型中小企业的职工人数原则上不超过 500 人，其中具有大专以上学历的科技人员占职工总数的比例不低于 30%，企业主要从事高新技术产品的研制、开发、生产和服务业务，每年用于高新技术产品研究开发的经费不得低于销售额的 3%，直接从事研究开发的科技人员应占职工总数的 10% 以上。

《2007 年度科技型中小企业技术创新基金申请须知》中新增了关于企业资产负债率的要求，并提高了对高新技术产品研发经费的要求。其中，要求资产负债率不高于 70%，高新技术研发经费不低于销售额的 5%。

2015 年发布的《科技部关于进一步推动科技型中小企业创新发展的若干意见》将科技型中小企业定义为"从事高新技术产品研发、生产和服务的中小企业群体"，其在提升科技创新能力、支撑经济可持续发展、扩大社会就业等方面发挥着重要作用。意见还指出，需要进一步凝聚各方力量，培育壮大科技型中小企业群体，带动科技型中小企业走创新发展道路，为经济社会发展提供重要支撑。

2017 年，科技部、财政部、国家税务总局印发《科技型中小企业评价办法》，通过一套科学评价打分体系，详细划分科技人员占比、企业研发费用占销售额比例、企业研发费用占成本费用比例、企业拥有的知识产权数量和类别四大评价指标。具体而言，科技型中小企业须同时满足以下条件：①在中国境内（不包括港澳台地区）注册的居民企业；②职工总数不超过 500 人、年销售收入不超过 2 亿元、资产总额不超过 2 亿元；③企业提供的产品和服务不属于国家规定的禁止、限制和淘汰类；④企业在填报上一年及当年内未发生重大安全、重大质量事故和严重环境违法、科研严重失信行为，且企业未列入经营异常名录和严重违法失信企业名单；⑤企业根据科技型中小企业评价指标进行综合评价所得分值不低于 60 分，且科技人员指标得分不得为 0 分。评分标准如表 1-1 所示。

表 1-1　科技型中小企业评价指标评分标准

指标	科技人员指标 （满分 20 分）	研发投入指标 （满分 50 分）		科技成果指标 （满分 30 分）
评价参数	科技人员数量与企业总职工数量之比（a）	企业研发费用总额与销售收入总额之比（b）	企业研发费用总额与成本费用支出总额之比（c）	企业拥有的在有效期内的与主要产品（或服务）相关的知识产权类别、数量（知识产权应不存在争议、纠纷）
分值等级	a≥30% （20 分）	b≥6% （50 分）	c≥30% （50 分）	不少于 1 项 I 类知识产权 （30 分）
	25%≤a<30% （16 分）	5%≤b<6% （40 分）	25%≤c<30% （40 分）	不少于 4 项 II 类知识产权 （24 分）

续表

指标	科技人员指标 （满分 20 分）	研发投入指标 （满分 50 分）		科技成果指标 （满分 30 分）
分值 等级	20%≤a<25% （12 分）	4%≤b<5% （30 分）	20%≤c<25% （30 分）	3 项 Ⅱ 类知识产权（18 分）
	15%≤a<20% （8 分）	3%≤b<4% （20 分）	15%≤c<20% （20 分）	2 项 Ⅱ 类知识产权（12 分）
	10%≤a<15% （4 分）	2%≤b<3% （10 分）	10%≤c<15% （10 分）	1 项 Ⅱ 类知识产权（6 分）
	a<10% （0 分）	b<2% （0 分）	c<10% （0 分）	没有知识产权（0 分）

符合第①~④项条件的企业，若同时符合下列条件中的一项，则可直接确认符合科技型中小企业条件：企业拥有有效期内高新技术企业资格证书；企业近五年内获得过国家级科技奖励，并在获奖单位中排在前三名；企业拥有经认定的省部级以上研发机构；企业近五年内主导制定过国际标准、国家标准或行业标准。

本节综合前人的研究结果，将科技型中小企业定义为以高新技术研发、产品生产及科技服务为主体业务的、自负盈亏的中小规模企业。

（2）科技型中小企业的特征。科技型企业是以科技含量高、创新需求强为主要特征，属于典型的知识密集型企业，对技术创新的持续追求是其发展的源动力。这一类企业有着高水平、高层次研发人员及良好的组织学习氛围和创新文化，拥有具有明显竞争优势的自主知识产权或核心技术，注重创新研发和持续的创新激励。对科技型企业的认定，主要从所从事的业务范畴、技术人员占比、产品或知识产权中技术含量及研发水平四个方面进行。中国的科技型企业主要由以下五部分组成（陈志，2004）：由独立的技术开发类科研机构整体转制而成的企业；主要业务范围为高新技术产品开发制造的企业；高校院所、科研机构为自身科技成果产业化而建立的企业；高新技术开发区的高科技企业；经过政府科技主管部门认定的民营科技企业。科技型企业所处行业环境活力强、变化速度快且具有不可预测性，因此市场信息往往不准确、不可用或过时。在如此高度动态的环境中运营的科技型企业比其他企业面临更激烈的竞争。

中小企业指的是生产规模和发展水平有限的企业，与大型企业的不同主要表现在企业规模和由规模差异带来的组织结构差异方面。中小企业下设部门机构简单、人员精简、资产规模有限，企业决策层和管理层人数较少，企业中层机构设置较少，经营管理由管理层直接统管。简言之，科技型中小企业在组织结构上呈扁平状的特征。尽管资产总额、职工人数、销售规模均与大企业不可同日而语，但是扁平状组织结构使中小企业能够有效地完成内部上传下达工作，组织间配合紧密，调动灵活性强。因此，中小企业作为市场经济中不可或缺的一部分，自身特质鲜明。

综观这两个概念可以发现，科技型中小企业属于一类特殊的存在，即由于具有一定的知识密度，在技术上具有先进性，因此属于能够掌握行业关键与核心科技的企业。同时，这类企业组织结构呈扁平状，财力、人力、物力等资源均有限，受到规模的约束。科技型中小企业既得益于科技型企业知识密集所带来的优势，又受困于中小型企业的有限规模和创新资源不足。从这两个方面而言，科技型中小企业既有优势也有劣势。由于知识与技术含量高，科技型企业可以在技术变革中处于领先地位，中小企业的组织结构也能为之带来更为灵活的调度模式。但与此同时，随着技术的不断变更和市场需求的变化，知识密集型企业对技术的依赖程度较高，中小规模又会制约其在人才、资金、规模方面的发展，不利于长期保持技术优势。因此，大多数科技型中小企业虽然在孵化期或成长期有很好的技术背景或基础，取得了亮眼的成绩，但是随时间的推移又逐步淡出大众视野。怎样充分发挥科技型中小企业优势，使其保有长期的行业竞争力，是学术界关心的重点。

1.3.1.2　科技型中小企业创新模式研究

技术创新从未像今天这样具有如此大的影响力。2017年，全球市值排名前五的上市公司分别是苹果、Alphabet、微软、亚马逊和Facebook，均为科技型企业。技术是由源源不断的创新驱动的（Li et al.，2010），而关于创新的学术文献在基本模式、创新类型特征等内容上存在着定义模糊的问题。

自1912年约瑟夫·熊彼特在《经济发展理论》一书中首次使用"创新"一词后，打开了学术界对这一概念的探索之旅。1951年，索罗进一步定义了技术创新的内涵，指出创新条件是以具备可操作性的新思想作为来源（史竹琴，2017）。

传统技术创新的划分通常以颠覆性技术变革为代表，即是与过去显著不同的突破，或以对当前技术和工艺流程的渐进式改进为主（Dewar and Dutton，1986；Damanpour，1991）。这种对创新模式过于简单化的划分已经过时，通过整合现有文献中关于创新模式的研究，本书重新整理了技术创新类型的划分。Ru 等（2012）将中国风力涡轮机制造行业创新分为四个阶段，即政府推动的早期研发活动，基于进口技术的模仿创新，包括协同设计和合资企业的合作创新，以及企业自主创新和全球化研发，并阐述了技术能力、创新模式、市场和政策对创新能力提升的作用。Klarin（2019）以一种全面、易懂的方式识别了大量结构，并赋予每种创新类型特定的特征，以便区分文献中的主要创新类型。研究表明，资本充裕的企业倾向于参与开拓性和渐进式创新循环，而资源有限的企业和新兴国家的企业可能会通过模仿或降低冗余成本等形式创新，部分搭乘现有产品和服务的"便车"。

科技型中小企业创新模式是指企业根据现阶段所处的外部市场环境、自身能力、战略方向等客观条件，判断创新实施的主要途径和对资源、技术的合理开发方式，以便项目能够顺利进行。通常企业在技术创新实际过程中，会根据现阶段的不同状况选取不同的项目推动方式，这种推动方式可依据企业所处的不同角度或创新资源的不同而划分为不同类型。对于科技型中小企业而言，多数企业在推动项目创新的过程中考虑的因素主要有两个：制造成本和技术创新度（Klarin，2019）。其中，制造成本主要包括项目推动的创新资源、创新要素及所投入的研发经费等。尽管技术创新有利于科技型中小企业快速成长，但是中小企业受其规模限制和资金限制的影响，必须在创新过程中考虑创新成本，以降低投入、增大产出（林燕燕等，2010）。

Ru 等（2012）提出的科技型中小企业常见的创新模式如图 1-1 所示，主要包括两大类：正向创新模式和反向创新模式。其中，正向创新模式包括渐进式创新、突变式创新、委托创新和集成创新四种；反向创新模式包括模仿创新、借鉴创新和逆向创新。其中，渐进式创新和突变式创新是企业自主创新的典型模式（Crossan and Apaydin，2010）。

从图 1-1 中可以看出，渐进式创新、突变式创新和委托创新对技术水平的要求较高：渐进式创新由于涉及循序渐进的周期，生产制造成本也相对较高；突变式创新有一定的偶然性，相对于渐进式创新和委托创新而言，其制造成本较低，但是具有不可控、不确定的随机性；委托创新能够通过资金投入获取技术水平较高的研发成果，但付出的制造成本也相对较多。正向创新由于难度较大，对技术水平普遍要求较高。正向创新中只有集成创新采用现有的成熟技术进行组装和匹配，对技术水平和制造成本的要求相对较低。而反向创新对企业制造成本和技术创新度的要求普遍较低，适合科技型中小企业在创业初期或成长期选用，以最大限度缩短创新周期。

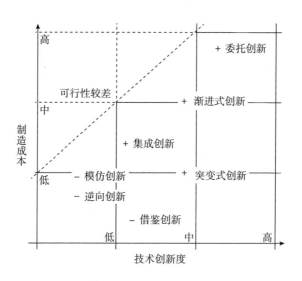

图1-1　科技型中小企业常见的创新模式

（1）正向创新模式。从图1-1可以看出，正向创新模式普遍需要较高的制造成本，技术的提升也处于一个较高水平，各类正向创新模式的优缺点如表1-2所示。

表1-2　正向创新模式的优缺点

创新模式	主要特点	优势	劣势
渐进式创新	由量变引起质变，需要长期技术沉淀	渐进过程对企业的创新文化、组织氛围有正面作用	技术积累要求高，研发周期长，创新效率较低
突变式创新	根本性创新，具有首创性、突破性	技术领先地位明显，不易被超越	突变引起的潜在技术风险尚未被发掘
委托创新	将技术研发的高难度、高风险委托给他人	能够最大限度利用他人优势资源，降低自身风险	委托中止后难以更新换代，无以为继
集成创新	各种现有技术、管理或产品的高度集成	针对性强、目的明确、见效快	创新难度较弱，容易被他人模仿和借鉴

渐进式创新是企业不断投入创新成本，以促进技术循序渐进并发生量变的过程（邹坦永，2017），知识搜寻中知识冗余或吸收能力差对渐进式创新有负面作用（王建平、吴晓云，2017）。组织学习则是渐进式创新的关键（熊伟等，2010）。虽然组织学习引起的整体变化较微小，但是它对创新的作用不可忽视。张伟等（2017）指出，渐进式创新有利于维持企业业态创新的平衡，对绩效的促进作用明显优于突发式创新。渐进式创新是科技型中小企业持续成长的保障（尚增健，2002），尤其对于处于创业初期的科技型中小企业，卓越的管理者网络能力能够明显促进渐进式创新（屠兴勇等，2018）。同时，创新意识、创新管理模式以及企业创新文化也对渐进式创新有积极影响（程聪等，2014）。

突变式创新是一种快速的、暴风骤雨式的创新，该创新方式会对现有系统进行力度较大的冲击（陶建宏，2013）。它的创新力度大，但持续过程不长，一般在较短的时间内完成，通常建立在组织学习的基础上，经过一段时间的持续改进，创新条件成熟，从量变达到质变，管理创新实现质的飞跃。突变式创新的周期相对较短，而创新的效果相对较好。突变式创新的优点为：可以减少传统观念及习惯的束缚，迅速提升企业的竞争力以增强对外部环境的适应力，从而实现整体最优（梁洪松，2008）。突变式创新的缺点为：由于短期大幅度的变革损伤了研发积极性，且短期集中创新资源用以突破难度较大的项目，一旦项目失败或偏离预期就可能造成创新成本的浪费，企业的长期利益遭受损失，因此突变式创新的风险相较于渐进式创新更大。

部分学者指出，渐进式创新对突变式创新有促进作用（韩晨、高山行，2017）。也有观点认为，渐进式创新和突变式创新的交互作用并不显著（张婧等，2014）。而在两种模式的选择上，内部能力和外部环境是影响两种创新模式选择的关键因素（李随成、武梦超，2016）：李妹和高山行（2014）从需求、技术、竞争强度三个维度分析外部环境的影响；杨彤骥等（2010）从市场驱动、科技驱动、供应商驱动等维度探讨战略差异对巨变式、渐进式创新活动的影响；盛光华和张志远（2015）基于创新成本投入、外部创新补贴两个视角分析了成本优势企业群体和成本劣势企业群体的创新模式选择；冯进路等（2004）通过多维度区分财富偏好型和事业偏好型企业家，以分析创新模式选择。

除此以外，科技型中小企业技术创新还常采用委托创新和集成创新两种模式。采取委托创新的方式，技术开发未完成前企业无需大量资金，在技术开发失败的情况下企业也不必支付全部经费，同时可以解决企业创新人才不足的问题。科技型中小企业以委托创新实现技术积累所采取的手段主要为购买技术、专利转让等，其主要优点为研发针对性强、市场交易迅速、企业效益显著，但是也存在新产品改进方面的弊端，根本原因在于技术买卖属于市场行为，缺乏后续技术上的深入合作（郑法川、张学良，2021）。集成创新主要是通过具有较强技术关联性、产业带动性的战略产品及重大项目的有机整合，针对某些关键技术或领域实现突破。

（2）反向创新模式。反向创新是企业引进先进的技术或产品，总结成功的经验、吸取失败的教训，并通过技术引进、逆向工程、破译等手段进行技术攻关。也有学者从技术流动角度划分正向、反向创新。例如，邢小强等（2016）将反向创新理解为由新兴市场向发达地区扩展的创新模式，王玉荣和李宗洁（2017）研究用户需求引发的互联网场景下的反向创新案例。反向创新通常有三种：一是模仿创新，即技术引进或购买先进技术，对其进行消化吸收，而后根据企业的实际需求进行改良设计；二是逆向创新，即通过市场上现有的产品或技术应用、用户需求进行逆向工程的破译；三是借鉴创新，即将现有技术移植运用到跨领域的产品或服务中。

反向创新的实质是成为一种技术跟随者，一般不对技术进行根本性的改变，而是在尽可能消化吸收的基础上进行研发活动，更多地侧重于改变技术的应用领域、产品的生产工艺、制造流程等方面，如图1-2所示。

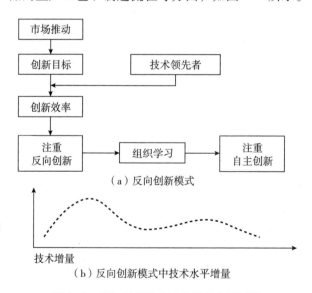

（a）反向创新模式

（b）反向创新模式中技术水平增量

图1-2　反向创新模式及其技术水平增量

反向创新在初期形成明显的技术增量，但随着组织学习、筛选、吸纳，逐渐变化成平稳的创新模式。此外，对于企业而言，反向创新在目标明确的基础上，能够规避原理性研究和基础性研究，减少前期的研发投入，并降低技术研发风险，确保产品在现有技术平台上进一步向前推动。反向创新模式的优缺点如表1-3所示。

表1-3　反向创新模式的优缺点

创新模式	主要特点	优势	劣势
模仿创新	通过模仿先进或经典技术、产品等进行改良创新	被模仿对象成熟，失败率较低	容易涉及产权纠纷，技术创新难度低
逆向创新	从最终结果入手或从技术流动的反方向思考技术创新过程	突破惯有思维局限	在创新不到位的情况下，市场难以打开
借鉴创新	对其他领域内的相关技术进行借鉴转移	创新成本较低，易操作	合理借鉴的尺度难以掌控

对于科技型中小企业而言，所处的领域不同，采取的技术革新方式也不同，但几乎毫无例外的是，反向创新是科技型中小企业在成长期快速响应市场需求或稳扎稳打以规避市场风险的主要途径（王立新、曹梅英，2018）。被模仿或借鉴的技术通常是市场上有较好的应用前景、风险系数较小的成熟技术，具备先天优势，因此可以用来准确评估项目的市场前景和企业需要匹配的资源（刘冉，2016）。但是反向创新也存在一定的弊端。当一个行业中大量涌入采用反向创新攻占市场的科技型中小企业时，其技术含量彼此虽有参差，但普遍相似，缺乏一枝独秀的领先趋势。它们相互之间对市场份额的划分以及资源挤占效应就会比较明显，同时会影响行业技术进一步向前（蔡翔、谌婷，2013）。此外，部分模仿和借鉴过程利用法律和制度上的空白来逃避技术产品或外观的知识产权限制，因此仅靠单纯地借鉴吸收技术并不能使企业形成自身的有利优势，这也是反向创新寿命短暂的主要根源。

反向创新往往是企业在成长期或面对市场变化时的一种临时性的突发行为，旨在短期内帮助科技型中小企业提高创新业绩。尹新悦和谢富纪（2020）认为，中国后发企业通过模仿的方式获取技术资源，企业自身创新能力在短期绩效中起到中介作用。过分依赖反向创新模式会严重打击企业自主创新或破坏性创新的激情，使科技型企业在成长过程中提早迈入衰退期，破坏或降低产品和技术的市场吸引性。这类创新的实质是在现阶段已有成果的基础上进行借鉴和改进，投入的人力、资源、资金都相对较少，研发周期也较短。

1.3.1.3 科技型中小企业协同创新研究

当技术变得更加复杂、产品生命周期缩短时，协同创新被视为科技型中小企业与合作伙伴分担不断增加的开发成本的有效替代方案（Forsman，2008）。事实上，协同创新已经成为科技型中小企业降低风险、克服困难、提高盈利能力的主要手段（Gassmann et al.，2010）。它的动因源自需求与资源之间不匹配的矛盾，日本学者斋藤优（1979）最早提出的 N-R 关系模式说明了这一观点。合作研发、合同研究、合作教育和技术产业化是科技型中小企业协同创新的主要模式（Fontana et al.，2006）。对于协同创新而言，投资收益与风险并存（Zhou et al.，2016），协同创新虽然会使科技型中小企业承担一定的风险，但是能在短期内实现企业创新绩效的快速提升。同时，协同创新不仅可以降低研发成本和创新风险，而且能够实现资源共享和优势互补。

中小企业缺乏有效的管理和技术技能（Rahman and Ramos，2010），由于在组织、文化和战略等方面的特殊性，它在协同创新方面不如大型企业活跃。事实上，积极采用协同创新策略的中小企业只有 5%～20%（Hossain，2015）。一些学者认为，中小企业比大企业能从协同创新中获得更大的利益，因为它们的官僚作风更少，承担风险的意愿更高，对不断变化的环境有更快的反应能力（Parida et al.，2012）。将中小企业与大企业分开是确定中小企业在创新时面临的具体障碍的必要条件。中小企业和大企业对协同创新的管理不同，灵活的组织结构使企业的创新活动具备更强可拆解性，能够被精细划分为多个具体阶段。科技型中小企业是协同创新的重要参与主体，对提升就业率和经济增长作出了重大贡献，促成其与伙伴形成战略联盟的动因是研习新的技术或获取经验（Clarke and Varma，1999）。科技型中小企业群体中单个个体的规模差异和发展阶段差异较大，具有独特的特点，但技术含量高、组织结构简单、内部沟通更好、重点更集中、决策更迅速、灵活性更强等被认为是共同特点和其开展技术创新的固有优势。然而，在面临创新风险时，因特殊的企业性质和规模，科技型中小企业的风险承受能力也相对较弱（郭强华，2019）。Spithoven 等（2013）展示了大公司和小公司在动机、实践、战略和挑战方面的差异，小公司可根据自身需求灵活地选择协同创新模式。中小企业协同创新不可避免地面临更严格的资源限制，这对创新绩效有很大的影响。Mcadam 和 Mitchell

（2010）指出，中小型企业的创新实施涉及复杂的纵向动力，这些动力是由市场和技术变革驱动的。一些中小企业能够跨多种形式开发创新实施方案，并利用关键事件作为催化剂来推动创新的彻底进行，这取决于它们所处的生命周期阶段。

科技型中小企业协同创新即为科技型中小企业与各种主体参与到协同技术研发活动之中，为实现优势的互补、资源与成果的共享、风险与成本的分摊，跨组织和跨区域形成的一种正式或者非正式的组织进行社会化合作和建立动态联盟的过程（吴杰等，2005）。Yang 和 Kang（2008）发现，高新技术制造企业的创新和客户资本显著且积极地影响着公司绩效。因此，在协同创新中，科技型中小企业扮演着独特而复杂的角色。这一角色已逐渐得到承认，不仅引起了创新学者的更大兴趣（Castellaci et al.，2005），而且使各国政府更加明确地认识到有必要通过量身定制的政策措施支持中小企业的发展。关于科技型中小企业协同创新的研究是零散的（Bianchi et al.，2010；Colombo et al.，2014），主要集中在统计分析或实证研究方面。陈云等（2012）阐述了科技型中小企业的高成长率特点，并以企业现有技术创新能力及提升潜力为依据，构建了企业创新能力评价指标体系，从而通过量化的方法评价企业创新能力。吴岩等（2013）结合主成分分析法和实证研究，分析了影响科技型中小企业技术创新能力的因素，并通过定量的方式评价了技术创新能力。杜丹丽等（2017）对全国科技型中小企业协同创新的相关数据进行了分析，研究了社会网络密度、社会网络关系强度、社会网络中心势三个方面在联盟稳定性方面所起的作用，揭示了网络结构特征对联盟稳定性的影响机理。尹建华等（2001）在科技型中小企业的管理中引入了协同思想，依据其自身的特点分析内部资源、外部资源的协同过程。郭净和刘兢轶（2015）以河北省科技型中小企业的调研数据为基础，总结了技术创新过程中企业内部存在的阻碍，最后提出了基于内生性视角的企业发展策略。刘泰谷（2016）认为，采取集群方式能够开展各主体间的协同合作、发挥各参与主体优势资源的作用、提高创新联盟的抗风险能力、提升资金和技术竞争力，从而使科技型中小企业摆脱因自身的劣势而面临的不利局面。科技型中小企业在协同创新过程中逐渐演化出不同类型的协同发展模式，形成了产学研协同发展的组合路径。

科技型中小企业与外部机构的协同合作无疑增加了其推出产品和服务的机会（Spithoven et al.，2013）。这种协同合作超越了科学和技术，还包括价值链伙伴关系，这些伙伴关系为科技型中小企业带来了新的知识基础，并创造了易于消化吸收的潜在联系。对于科技型中小企业而言，纵向合作与突变式创新相关，而横向合作适合渐进式创新（Parida et al.，2012）。在一个开放的领域，技术的过于专业化可能导致企业知识集中而引起企业规模的缩减（Lecocq and Demil，2006）。以往的创新研究往往高估了较弱的网络架构对创新创造的影响（Rost，2011），进而强化了知识和专业联系对于中小企业成功的影响。Kobayashi 等（2014）提出了以企业和伙伴为节点的知识网络模型，分析了知识渗透现象对市场网络拓扑结构的影响，结果发现企业的研发创新活动对扩大公司的知识存量有正向促进作用。此外，对于多数科技型中小企业而言，管理者在识别市场机会、寻求外部创新资源方面发挥了更加重要的作用（Krishnaswamy et al.，2014）。Chimucheka（2013）通过访谈研究调查处于生命周期不同阶段的中小企业与网络绩效之间的关系，发现无论是在初创期还是成长期，社交网络的质量与中小企业的业绩似乎都存在着正相关关系。尽管中小企业管理者通常没有时间停下来思考，也没有时间进行战略性思考，但是科技型中小企业管理者社会网络资本使初创企业增加了很多隐藏价值。

1.3.2 产学研协同创新的相关研究

1.3.2.1 产学研协同创新的内涵

产学研协同创新是在开放创新基础上发展起来的前沿创新模式，是对合作创新的丰富与发展，目前很多学者在产学研协同创新方面已经进行了广泛的研究。

协同创新的内涵一直是学术界关注的焦点之一，学者从不同视角提出了自己的观点。Wang 和 Hu（2020）认为，协同创新是信息和技术优化整合、加快促进新成果诞生的过程。陈劲和阳银娟（2012）以知识增值为视角分析了协同创新的内涵和本质，认为协同创新是企业、政府、知识生产主体、中介机构和客户等相互协作、资源整合而形成重大科技成果的过程，其效率取决于知识增值的效率和运行模式。涂振洲和顾新（2013）认为，协同创新是创新主体之间采取知识获取、知识转移、知识运用与反馈等方式达到知识共享和创造的效果，并通过知识的外部性和溢出效应获得知识优势的过程。因此，协同创新与知识的流动息息相关（Sammarra and Biggiero，2008）。刘丹和闫长乐（2013）认为，在信息技术的网络环境中，协同创新的本质是为了提高系统协同创新绩效和提升系统协同创新能力。Feranita 等（2017）分析了相关文献，将协同创新通过三个理论进行解释：一是战略理论，通过资源基础和竞争优势理解协同创新，强调企业在协同创新过程中对外部技术和知识的整合；二是交易理论，通过交易成本和博弈论理解协同创新，主要针对协同创新过程研究；三是关联理论，通过社会网络理论理解协同创新，强调协同创新网络的建立方法。

在产学研协同创新方面，很多学者已经做出了深入的研究，例如，Masahiko 和 Yuko（2002）认为，产学研协同创新是参与创新的高校、企业发挥各自优势，提升自身创新水平的合作过程；何郁冰（2012）提出，产学研协同创新是产学研机构在战略协同、知识协同、组织协同三个层面利用知识和资源在组织间的共享与集成所达成的创新模式；陈劲（2011）认为，产学研协同创新是以企业、大学、科研院所为主，政府、中介、创新平台为辅的网络创新模式，主要进行资源整合和深入的创新合作；董恒敏和李柏洲（2015）指出，产学研协同创新是多种创新资源和多方主体的协调配合；刘旻等（2003）提出，产学研协同创新是指以企业为主体，推进企业与科研院所、高等学校以及其他企业之间开展产学研合作的一种创新途径。自20世纪90年代以来，由于产学研对国家高科技的发展作用愈加明显，学者越来越深入地分析产学研的意义，且着重从更微观的视角进行研究，其中包括促进产学研协同创新绩效提升、构建全面的绩效评价体系或合作机制等。针对科技型中小企业如何开展高效的产学研协同创新活动的问题，Motohashi（2005）认为，与小企业进行产学研合作比与大企业进行产学研合作的效率更高；Cyert 和 Goodman（1997）以组织学习为视角阐述了基于大学与产业联盟的协同创新；Lee（2000）则从科技型中小企业效益的提升、校企合作的边界问题及技术转移过程等方面阐述了产学研的作用。

现有产学研协同创新研究强调了外部协同创新主体对于企业创新的重要性和影响，但大多偏向于产业价值链合作及产学合作，而较少有研究将两者结合起来，探索企业如何通过与伙伴互动提升整体协同创新效率（阳银娟，2015）。

1.3.2.2 产学研协同创新模式研究

产学研基于相似的目标、相同的愿景，以技术需求或市场需求为引导，通过技术交流、知识共享与合作研究，实现科学与市场最密切的交流和互动，以突破一些关键性技术或前沿技术。研究产学研协同创新模式有助于调动各创新主体的积极性，为开展更加广泛、紧密、深入的合作奠定良好基础。

学术界对产学研协同创新模式的划分标准有不同的见解，既有从产学研协同创新的网络关系、关系强度、网络密度等角度进行划分的（何郁冰、张迎春，2015），也有按照双方达成的协同创新具体内容将其分为技术转让、专利获取、联合研发、学术会议、创业研讨等16种模式的（Santoro et al.，2020）。总体而言，产学研协同创新模式大致可以按照合作关系的正式程度、组织制度的关系和各主体扮演的角色三种标准进行划分。

首先，根据合作关系的正式程度，将产学研协同创新模式划分为共同研发、联盟、风险投资和特别许可等正式模式，以及与咨询服务、合作办学、协同创新伙伴之间的知识交流、设备共享等非正式模式。该划分标准下产学研协同创新包括常见的契约式战略联盟、股权式战略联盟、合资开公司等各种形式。

其次，按组织制度的关系进行分类。金保锋等（2012）将产学研协同创新模式分为松散型、紧密型和战略型。罗小芳和李柏洲（2014）将产学研合作创新分为两种形式：融合程度较高的一体化模式和融合程度较低的技术契约模式。在融合程度较高的协同创新模式中，企业与学研方两者按照一定的比例投入创新资源，双方具有稳定且牢固的伙伴关系，有对最终收益共享、风险共担的明确认知，在其组织、制度、技术等方面进行深层次的交流和互动。在这种协同创新模式中，近年来最常见的是校企共建协同创新中心，形成独立的一体化产学研基地。在融合程度较低的技术契约模式中，企业通过与学研方签订具有法律效力的契约书，要求彼此为同一个创新目标规划创新任务，调动创新资源，以实现目标。在这种松散的结构下，企业与学研方仍各自保持自身组织完整性，只是通过简单的技术交流与学术互动完成协同过程。由于契约限定了双方的任务，产权和收益分配更加清晰明了，有利于双方在协同过程中充分发挥自身所长，易于操作。但由于其协同过程完全建立在彼此的交流合作上，双方所形成的连接结构松散，因此对信任程度、沟通能力有较大的考验。

最后，部分学者根据产学研协同创新中各主体扮演的角色，将产学研协同创新模式分为政府推动型、大学主导型、科研机构主导型、企业主导型及连发联合开发等（陈立泰、叶长华，2009）。颜军梅（2014）也提出了相似的划分标准。赵东霞等（2016）针对大学主导型、产业推动型和政府引导型三种典型的驱动创新模式进行研究，结果表明最理想的方案为三种模式相互取长补短、达成共同协作的模式。高霞和陈凯华（2016）通过分析专利数据申请人的变化，认为产学研合作创新的组织模式先后经历了科研机构主导、企业主导和创新网络的三重演化趋势。姚潇颖等（2017）提出，企业受创新目标的影响，与"学"或"研"两种具有明确研发分工的伙伴进行协同创新，其中"学"主要集中在知识共享和技术研发层面，"研"则围绕产品开发展开。

此外，国内外学者对如何进行产学研协同创新模式选择、哪些关键因素能够促进创新绩效的实现也进行了深入的研究。李大庆等（2013）认为，关键因素是集群结构、企业技术战略、创新能力和市场竞争环境；孙荣臻（2019）认为，关键因素是管理者偏好、组织成员观念与能力的差异；陈井安和方茜（2015）认为，关键因素是创新目标的一致性和利益共享；马家喜和金新元（2015）认为，关键因素是多种理论之间相互补充，共同构成协同创新模式选择的基础。

1.3.2.3　产学研协同创新能力评价研究

产学研协同创新涉及产、学、研三方协同，有助于单个企业创新能力的培养，是推动地区经济进步的中坚力量。在这一过程中，学研方拥有较好的知识基础和良好的学科背景，创新能力较强，因此企业创新能力的提升成为影响协同创新效率的核心因素之一。企业创新能力最早由 Westphal 等于 1981 年提出，而后 Traitler 等（2011）进一步指出企业创新能力应当包括创新的可持续性，Altuntas 等（2016）还针对企业生产制造方面的创新能力进行了研究。企业创新能力建立在对所有指标的准确评价基础上，因此评价指标体系的涵盖范围决定了评价的客观性和公平性。围绕能够有效提升企业竞争优势的创新能力评价，诸多学者已经做出大量翔实的工作。表1-4 中比较了现有文献中的创新能力评价指标体系。

表1-4　创新能力评价指标体系比较

文献	主要指标	主要内容	不足之处
魏江和许庆瑞（1995）	5个方面（生产能力、创新决策能力、市场营销能力、R&D能力、组织能力）	结合创新过程分析评价指标体系的结构	评价体系中只包含9个指标，评价内容不全面
曹崇延和王淮学（1998）	7个指标（投入能力、R&D能力、组织能力、制造能力、销售能力、财务能力、产出能力）	通过7个指标较全面地对企业创新能力进行了评价	评价指标分类标准不明确且存在一定的交叉性

续表

文献	主要指标	主要内容	不足之处
Guan 和 Ma（2003）	7 个指标（学习、研发、制造、营销、组织、资源配置和战略规划）	划分创新能力的 7 个维度，探讨对企业市场份额、规模和生产增长率的影响	指标划分较简单，缺乏对创新能力的后续评价
胡恩华（2001）	6 个一级指标（生产能力、营销能力、管理能力、投入能力、研发能力、实现能力），24 个二级指标	依据企业进行技术创新的过程进行因素分类，并在每个一级指标的基础上构建了 4 个二级指标	指标选择的标准和依据不清晰，个别指标很难进行量化评价
夏维力和吕晓强（2005）	5 个一级指标（组织能力、销售能力、R&D 能力、投入能力、财务能力），21 个二级指标	用 BP 神经网络建立评价指标体系，提出了消除主观因素的评价方法	指标体系评价内容较简单，某些指标过于主观，很难进行量化
刘耀等（2008）	4 个一级指标（实施能力、实现能力、投入能力和管理能力），8 个二级指标，28 个三级指标	通过 AHP 和模糊评价法建立指标体系，并实证验证体系的可行性	指标体系构建过程中人为因素过多
冯海昱（2007）	7 个一级指标（产出能力、营销能力、投入能力、研发能力、生产能力、制度执行能力、管理能力），20 个二级指标及 36 个三级指标	通过专家打分，定性和定量的分析相结合，通过 AHP 计算指标权重	一级指标分类不清晰，指标间的交叉性明显
王洁和曹莉莎（2014）	5 个一级指标（科技投入、科技产出、科技环境、技术产业化水平、经济社会发展促进作用），12 个二级指标及 34 个三级指标	构建地级市科技发展及创新能力评价体系	指标内容、权重计算方法等需要不断地修正
王婉娟和危怀安（2016）	2 个一级指标、5 个二级指标及 27 个三级指标	通过德尔菲法、隶属度分析法和相关分析法等构建指标体系，通过 AHP 计算指标权重	二级指标全面性欠缺，定量指标较少
王丹等（2018）	3 个二级指标、15 个三级指标及 44 个四级指标	结合频度统计法、德尔菲法优化评价指标体系，并对指标进行全面分析	指标结构过于复杂，评价体系的实用性有待进一步验证

　　表 1-5 将创新能力的主要评价方法做了比较，总结其特点和不足之处。由于决策问题的复杂性和决策主体企业认知的限制，最常见的多目标决策方法包括回归分析法、TOPSIS 法（逼近理想解排序法）、层次分析法（AHP）、模糊决策法等。相比于传统评价方法，寻求兼具计算直观便捷、对样本量需求小、分析客观合理等优点，同时能减少评价指标主观因素影响的评价方法尤为重要。

表 1-5　创新能力评价方法比较

文献	方法	特点	不足
Souitaris（2002） Caloghirou 等（2004） 周江华等（2018） 彭新一和王春梅（2018）	回归分析法	进行影响因素和产出绩效之间的显著性分析，并结合假设检验证明其有效性	定量数据要求高，如时间序列上的数据很难量化
孙健等（2007） 刘耀等（2008） 万荣和阎瑞霞（2018） 何宁和夏友富（2018）	层次分析法	当技术创新能力因素特别多时，使用 AHP 可将众多因素分层，这样很容易进行处理并逐层评价分析	通过专家评价逐层计算因素的权重，主观因素及个人偏好可能影响评价结果
苏越良和罗剑宏（2002） 王青云和饶扬德（2004） 吴庆斌和王美琴（2017）	灰色关联法	不依赖于样本含量、数据分布类型及因素之间的变化关系	分辨系数的选取缺乏客观性，多因素均影响关联度，取平均值求关联度难以保证评价的准确性
胡恩华（2001） 董岗和傅铅生（2004） 王建飞和项莹（2017）	模糊综合评价法	考虑不同评价指标之间的特征，通过函数表示评价值与评价因素值之间的关系	专家打分的方式易受到主观因素和个人偏好的影响
栾大龙等（2007） 邹林全（2008） 李江涛等（2017）	主成分分析法	通过数据分析获得指标之间的内在联系，从而确定指标权重，该方法评价结果相对客观	受到原始变量的影响，若原始变量本质上均独立，则不能将其整合为少数综合变量
夏维力和吕晓强（2005） 王立新等（2006） 毛才盛（2017）	BP 神经网络	完成了从输入到输出的转换，具有很强的数学理论支撑，适用于复杂非线性映射、内部机制问题	选取学习样本的数量和质量会对算法的学习能力和效率产生影响
杜栋（2001） 马贤娣等（2007） 袁茜（2017）	数据包络分析法	适用于处理多输出类问题，且结果可信度高	要求被评价数据量较大，投入和产出指标过多会导致有效单元数量多
何玉梅等（2008） 白俊红等（2008）	因子分析法	通过数学方法将原始变量进行转换，得到相互独立的变量，从而消除指标之间的相关性，得到主因子综合评价结果	因子得分排序时敏感问题需特别考虑。原始变量、因子的选取均会影响方案的最终排序结果

　　结合上述创新能力评价指标和方法，在此基础上本书提出了更完善、更合理的评价指标，并通过组合现有多目标决策理论，使之完全匹配科技型中小企业伙伴选择的特殊性。

1.3.3　协同创新伙伴选择的相关研究

1.3.3.1　协同创新伙伴关系研究
协同创新伙伴关系形成已成为企业在获取市场竞争优势与追求创新的过程

中实现优势互补的主要选择。稳定的伙伴关系能够有效地促进合作伙伴间的协作配合，从而促使战略联盟形成、运行和持续地发展（Xu et al.，2008）。Ca-marinha-Matos 和 Afsarmanesh（2005）归纳总结了协同创新伙伴构建的八种中间性组织形态，即虚拟企业（Virtual Enterprise，VE）、动态虚拟组织（Dynamic Virtual Organization，DVO）、虚拟组织（Virtual Organization，VO）、虚拟组织培育环境（VO Breeding Environment，VBE）、延展型企业（Extended Enterprise，EE）、电子科学（E-science）、专业虚拟社区（Professional Virtual Community，PVC）、协同虚拟实验室（Collaborative Virtual Laboratory，CVL）。

协同创新中各主体间的关系即为伙伴关系，它是影响协同创新连接强度的主要因素。伙伴关系的融洽与否决定了各方协同意愿的强烈程度，并贯穿整个创新过程。持久、可靠、有效的协同创新需要良好的伙伴关系作为支撑。程瑞雯（2006）、Schmiedeberg（2008）、赵红和杨震宁（2020）、Eom 和 Lee（2010）认为，伙伴关系形成的互补效应主要取决于企业所具备的技术基础和对新技术的学习能力，通过持续的学习互动与资源整合能够促进伙伴关系的稳定发展。

伙伴关系是一种参与双方基于沟通和信任提出的、对持续的收益共享和风险共担的商业合伙人关系，这种绑定式关系不仅能够促进双方紧密结合，还能够使单个企业获得独自无法获取的竞争优势。Yim 等（2015）发现，协同创新平台的高强度营销提高了伙伴关系的嵌入能力，而高强度研发增强了伙伴间的信息流动能力。Rehm 和 Goel（2017）认为，创新伙伴之间的互补性可有效增加科技型中小企业的核心资源，通过信息系统提高创新网络之间的合作可实现资源互补并获得新的创新机会。蒋兴华等（2021）研究表明，政府可以通过政策引导与扶持促进产学研伙伴之间形成稳定、信任的伙伴关系，以提高最终的协同创新效率。

与其他因素相比，伙伴关系在协同创新中表现出持续的、动态的、复杂的演化过程。现有研究成果主要包含伙伴关系的多个维度或伙伴关系对创新绩效的影响方面。多数研究将伙伴关系理解为一个抽象概念，这个概念涵盖多个维度，且各维度之间既有所区别，又相互联系。伙伴关系的衡量维度主要集中在关系质量、关系密度、关系互动性等方面。陈旭（2010）根据结构特征和过程特征划分伙伴关系维度。薛萌（2020）根据资源互补性、目标协同性、文化相容性探讨伙伴关系资源特征。解学梅（2006）将伙伴类型分为知识产生机构和技术产生机构，并分别探讨了两种类型伙伴的运作机制和特点。

部分研究者认为同已有联系的甚至已经形成信任关系的伙伴建立协同创新关系对于提升企业协同创新绩效更能够起到积极作用（McCutcheon and Stuart，2000）。基于这种观点，本书对伙伴选择内涵的研究包含了信任与合作关系的演进（Gulati，1999），将伙伴间频繁的交互行为视为关系资本形成的必要条件。具有相似观点的学者不在少数，如曹兴和龙凤珍（2013）总结了相关研究成果并构建了由兼容性、能力、承诺和知识共享程度所构成的"1S—3C"模型。王萧萧等（2018）认为，基于信任、沟通、承诺的伙伴关系对以高校为主体的协同创新绩效有正向影响。信任、沟通、承诺这类防范机会主义行为的属性，在协同创新伙伴选择中可以为双方决策增加保障性的有效控制（Gulati，1995；Doloi，2009）。在学术文献中对信任的解释也存在一些问题，如在实证研究中对该变量的衡量不佳，对信任存在于组织关系内部的原因和位置缺乏理解等。伙伴间信任失衡，使合作伙伴在不稳定的环境中倾向于采用机会主义态度应对突发性不可控因素。当管理者察觉到意想不到的环境威胁时，往往会避免改变，倾向于合同授权、技术买卖，以减少实验或其他不确定性，从而专注于对现有资源的应用。此外，也有部分学者研究伙伴关系的特殊形态，如关系冲突、关系断层等。

1.3.3.2 协同创新伙伴匹配性研究

近年来，诸多学者在伙伴关系的基础上开始探讨协同创新伙伴匹配的问题。部分由协同创新所构成的中间性组织在实际中并未发挥良好的预期作用，而会导致项目的中途瓦解或创新失败，其中伙伴选择的匹配性较差是产生这一问题的主要原因之一（李健、金占明，2007）。

之所以存在伙伴匹配性研究，首先源自伙伴的多样性。随着技术的不断进步，参与协同创新的伙伴不仅存在不同的组织类型、不同的知识结构、不同的技术水平，甚至可能存在跨地域、跨文化的多重碰撞。这使参与协同创新的主体成员组成日益复杂，伙伴多样性显著增强。王冬玲（2020）发现，伙伴多样性和相关性对协同创新的促进作用存在倒"U"形关系。伙伴种类和数量超出一定数值后，创新网络的搜索和协调管理成本增加，从而使得最终收益下降。Garriga 等（2013）的研究也证实了这一点，当外部研发活动的份额超过某一阈值时，会降低企业的创新绩效。多元化的企业伙伴对科技型中小企业的创新有利也有弊：一方面，有助于扩大创新网络规模、优化配置资源，充分调动不同类型伙伴间的核心资源和关键技术，提高创新效率；另一方面，由于科技型中小企业承受能力有限，一旦伙伴成员间发生冲突或产生投机主义行为，对于整个协同创新行为的监管、协调成本也会大幅增加（Wathne and Heide，2000）。不仅如此，伙伴数量过多也会引起负面效应的增加。余颖等（2015）围绕新产品研发项目，研究上游供应商、下游客户、同行竞争者和第三方研究机构四类外部合作伙伴的参与数量对创新绩效的影响，结果表明项目创新绩效分别与同行竞争者数量、合作者总数呈倒"U"形关系，而与上下游企业数量、伙伴类别数呈正向对数关系。企业伙伴的多样性有助于提高探索性创新的质量，对于前期扩大创新知识储备有良好的推动作用（王兴秀、李春艳，2020）。

伙伴多样性的存在，有利于增强创新资源的异质性和互补性，能够帮助协同创新企业拓展、拓宽、加深技术与资源层面的需求，但与此同时也会带来一个新的匹配性问题。Das（2006）发现，如果伙伴间的协同创新目标不匹配，在日后的行动过程中就容易遇到障碍，进而影响双方的伙伴关系。其原因在于，由目标导致的不匹配会随日后伙伴关系的强化而被逐步放大，从而引出相关联的其他问题。Rao等（2016）考察了企业之间的文化、财务和知识匹配特征如何影响两家企业是否协同的决策和协同后的创新效率。奉小斌和陈丽琼（2015）认为，中小微企业协同创新能力受市场知识搜索的直接影响，受互补性知识整合、辅助性知识整合的间接影响。部分学者认为，伙伴匹配性研究的实质是基于组织间技术或能力的差异而导致的关系错位（徐松屹，2007）。刘克寅（2015）认为，企业自发、零散地寻求探索外部资源的机制对伙伴匹配性有负面作用，且企业普遍缺乏科学有效的管理决策机制。

在协同创新中，科技型中小企业首要考虑的是伙伴匹配问题。伙伴同企业间的优势互补能够促使创新资源配置效率最大化，并且彼此交流沟通后形成的稳定的伙伴关系能够促使双方为共同的创新目标而积极努力，克服创新不确定性所带来的弊端。同时，与协同创新伙伴在合作初期能就双方的责任和权利达成一致，以有效的契约形式约束双方的交互行为，建立相应的监督管理机制，从而有助于维护后期伙伴关系的稳定发展。综上所述，科技型中小企业在进行协同创新时，可根据企业不同时期发展的实际需要科学地匹配合作伙伴，促使协同创新达到预期目标。

1.3.3.3 协同创新伙伴选择研究

企业对协同创新伙伴选择的重视，有助于在多个领域拓展自身优势，共享彼此独特的创新资源，加快创新步伐，提升市场竞争力。目前，已经有学者发现伙伴选择并非基于单一视角的影响，应综合其中的多方面因素进行考量。刘克寅和汤临佳（2016a）认为，信息不对称、合作双方缺乏了解、选择方法不合理而导致的资源同质或错配是伙伴选择中常见的两种引起协同创新失败的原因，指出伙伴间吸引力主要围绕其拥有的创新资源及合作成本两方面因素。早期关于协同创新伙伴选择的研究主要围绕企业规模、资金实力、人才配比等硬性指标，忽视了文化制度、组织结构等软实力因素（van Beers and Zand，2014）。随着学术界对伙伴选择问题的深入研究，更多学者逐步细化了筛选标准和考察因素，出现了伙伴关系冲突、创新资源冗余、技术重叠度等影响伙伴选择的潜在深层因素。此类研究的深入与扩展，促使协同创新伙伴选择对指标的科学性、方法的有效性、流程的规范性提出了更高的要求。

伙伴选择的实质是根据现有的特征和表现对形成稳定关系后的潜在风险和可能行为进行预测，然而有利于规避道德风险的可测条件具体是什么，仍需要进一步的归纳和检验（蔡继荣，2012）。针对协同创新伙伴选择问题，学者已经提出了相应的观点，从不同视角进行了探讨。郝斌等（2014）通过文献梳理将伙伴选择归纳分为知识匹配、关系互动、战略协同以及制度嵌入四个部分。杨东奇等（2012）应用协同创新理论验证了伙伴选择的影响因素不仅包含伙伴自身资源，还涉及企业间的相容性和对未来的期望。毕静煜等（2018）对比了社会选择和公开选择两种伙伴选择方式对促进联盟知识获取的影响，研究表明公开选择策略下契约控制与关系控制的替代关系得到强化。吴松强等（2017）将联盟伙伴选择影响因素分为企业声誉、资源技术互补和兼容性三个方面。邵际树和余祖伟（2016）结合灰色关联度理论构建了虚拟企业合作伙伴选择评价体系，指标主要有研发能力、互补性、整体实力、学习能力、可整合性。汪忠等（2013）构建了企业合作伙伴选择评价指标体系，该体系建立主要考虑的因素为组织间协同性、社会影响力、持续发展能力及外部环境。Li 等（2008）、Beckman 等（2004）发现，当面临的创新任务具有明显的不确定性时，伙伴选择的路径依赖更强。曾经一起参与协同的前盟友将会成为企业的优先选择对象，其根本原因在于，相对于未知的全新伙伴，原有伙伴能够更清晰地理解彼此的创新诉求，资源整合和组织配合的效率也远高于他人。根据先前的合作经历和经验，彼此也能够更轻易地将风险控制在一定范围之内。

还有许多学者提出将协同创新伙伴选择作为一个组织管理的实践进行研究（Du et al.，2014），如从概念框架上对其进行结构分析，或研究如何与合作伙伴协同创新、如何分享创新收益等内容。孙薇等（2013）分析了创新团队成员要素、知识要素及其他要素之间的关系，从而提出了科技创新团队的成员组建方法。Slowinski 和 Sagal（2010）、Chiaroni 等（2010）通过剖析案例探讨合作伙伴选择的方式，但这种研究主要围绕一些特定的合作伙伴类型进行，如众包或跨行业创新行为（Holzmann et al.，2014），或针对某一特定行业、面临具体创新问题的合作伙伴类型进行探讨。

此外，伙伴选择问题属于多属性决策问题，要选择科学有效的决策方法。目前，已有数百种模型和算法用于求解伙伴选择问题，主要包括模糊综合评价法、ANP、AHP、数据包络分析、TOPSIS 法、遗传算法、灰色关联度法等。随着评价方法的改进和完善，单一评价方法的运行机理、运用对象在实际操作中出现了局限性和非一致性问题。学术界逐步提出了组合评价的研究方法，目前组合评价主要被运用在赋权法和评价过程两个方面。刘永平和阮平南（2015）将信息熵与层次分析方法组合构建 TOPSIS 模型；张敬文等（2016）运用灰色模糊综合评价法对备选伙伴选择进行分析验证；汪忠等（2013）通过不均衡指数和模糊理论法验证了评价模型的有效性及可实现性；段茜等（2014）提出基于马尔可夫链的动态模糊评价模型，并采用主客观相结合方法获得指标综合权重。

1.3.4 研究述评

综上所述，产学研协同创新是国内外学者研究较早并持续关注的热点话题，科技型中小企业作为重要创新主体也引起诸多学者的兴趣，研究不断向企业创新能力、协同创新伙伴选择、产学研合作机理等微观层面深入，取得了丰硕的成果。然而，科技型中小企业产学研协同创新伙伴选择的现有研究文献主要有以下不足：

第一，科技型中小企业产学研协同创新影响的研究多为实证研究，理论研究较为零散，缺乏产学研协同创新同科技型中小企业资源、结构特性相结合的相关研究。当前科技型中小企业对产学研协同创新的促进作用和对区域经济的推动作用已经受到学者的广泛关注，也有学者开始涉及以科技型中小企业为重点的产学研协同创新研究，但对其影响因素的变量选取仍存在很多争议。同时，在研究视角方面，现有文献多以微观层面的企业创新网络为研究对象，以描述类或政策建议类研究为主，对科技型中小企业产学研协同创新在区域内的中观、宏观表现缺乏对比分析，这方面有待进一步深入拓展。

第二，很多学者关注到产学研协同创新对经济发展的推动作用，但忽略了伙伴选择在协同创新中可能的突出影响，鲜有研究从伙伴选择的角度对产学研协同创新进行深入分析，尤其对于不同类型伙伴的特点和影响效应，研究观点也存在较大差异。产学研协同创新中参与主体来自不同组织结构，其创新资源、文化制度、协同目标等方面均有所差异。伙伴间技术研发能力与资源投入也会对产学研协同创新中的角色地位有所影响。此外，对于科技型中小企业与不同类型伙伴协同创新时的伙伴关系转化研究也较少，缺乏系统的理论分析和结论。

第三，伙伴选择研究多围绕协同创新伙伴关系或伙伴匹配度展开，在科技型中小企业伙伴选择标准和决策过程研究方面还是有一定的局限性。通过对文献的梳理不难看出，伙伴选择既是对潜在伙伴关系的构建，也是对原有伙伴关系路径的巩固，其本质是基于组织管理实践展开的，对伙伴资源、要素、能力等多方位匹配的过程。科技型中小企业具有扁平状组织构架形式，管理者的风险态度和社会资本很大程度上决定了其产学研协同创新伙伴选择的规律和伙伴选择的战略方向。

第四，现有文献中不乏运用多属性决策方法探索伙伴选择过程的研究，但以单一方法为主，其中针对科技型中小企业这个独特群体的、将伙伴选择因素与产学研协同创新特点相融合的研究更是非常有限。

1.4　研究内容与创新之处

1.4.1　研究内容

第 1 章为绪论。详细解析科技型中小企业产学研协同创新伙伴选择的实践背景和理论意义，在此基础上提出研究的主要问题。同时，结合研究中涉及的主要概念，对本书的研究方法、技术路线和创新之处进行简要介绍。围绕研究的问题，对科技型中小企业的概念进行辨析，并分析其特征，进而围绕科技型中小企业创新模式、产学研协同创新、协同创新伙伴选择等相关领域文献进行梳理和评价，为后续各章内容的展开进行理论准备。

第2章为相关理论基础。对研究的基础理论，即资源基础理论、协同学理论、演化博弈理论和前景理论，进行概述，并逐一分析其与本书的理论关系。

第3章为科技型中小企业产学研协同创新伙伴选择的理论框架。针对科技型中小企业创新特征和发展现状，界定其产学研协同创新伙伴的概念和内涵，并结合伙伴类型阐述科技型中小企业产学研协同创新伙伴选择的动因及相互之间的关系。依据产学研协同创新模式，将伙伴关系分为双方实力相当的联合开发关系，既可以联合开发又能够独当一面的竞合关系，强弱不均形成的技术主导与依附关系，以及技术全权转让或购买关系。结合科技型中小企业的组织特点，厘清产学研协同创新伙伴选择的五方面特征，即需求主导性、资源共享性、路径依赖性、地理邻近性和风险倾向性。最后，通过构建本书的理论框架明确核心研究思路，为后续的演化博弈分析、仿真建模、综合评价研究提供支持。

第4章为科技型中小企业产学研协同创新伙伴选择的演化博弈分析。根据伙伴类型分别探讨科技型中小企业与学研方伙伴、企业伙伴协同创新的过程，分析双方在创新需求、组织结构、资源互补性等方面的特点，分别构建协同创新博弈模型，并应用前景理论分析探讨系统的动态演化趋势和稳定性策略，通过 Matlab 数值仿真进一步探讨促进企业伙伴协同创新的要素，明确不同类型伙伴选择的影响因素。

第5章为科技型中小企业产学研协同创新伙伴选择的仿真分析。首先，应用主体建模理论，并考虑伙伴类型、路径依赖性、地理邻近性和需求主导性对伙伴选择的影响，模拟科技型中小企业产学研协同创新伙伴选择的群体效应。其次，探讨多主体参与下科技型中小企业的微观选择对宏观涌现的影响。最后，对仿真结果进行总结，并展开详细讨论。

第6章为科技型中小企业产学研协同创新伙伴选择的综合评价。基于伙伴关系和伙伴选择的理论分析，提出基于未知权重的伙伴选择方法。受科技型中小企业扁平状组织特征的影响，在伙伴选择时往往涉及管理者或决策者的风险态度，构建考虑管理者风险偏好的伙伴选择模型，有助于主体企业根据自身所长合理安排创新资源和研发投入。在此基础上，提出综合评价方法，解决科技型中小企业伙伴选择的现实问题；通过改进前景理论，提出考虑管理者风险态度的模型；引入多粒度犹豫模糊的概念，避免伙伴信息存在不可量化、不完整的情况；建立科技型中小企业伙伴选择的指标体系，运用模糊熵计算未知权重，避免主观赋权法对客观事实的影响。最后，通过算例验证方法的科学性和可行性。

第 7 章为结论与展望。针对本书提出的科技型中小企业产学研协同创新伙伴选择问题，对整体研究内容进行总结，简要阐明主要研究结论和实践启示，指出可能存在的研究局限和不足，并在此基础上提出未来的研究方向。

1.4.2　创新之处

本书围绕科技型中小企业产学研协同创新伙伴选择这一研究问题，在已有研究文献的基础上，深入分析了协同创新伙伴的内涵、科技型中小企业产学研协同创新伙伴选择的动因与特征及伙伴选择对科技型中小企业产学研协同创新行为的影响，研究通过文献分析、演化博弈分析、仿真分析等方法逐步构建了科技型中小企业伙伴选择的理论模型，并提出了基于多粒度犹豫模糊的科技型中小企业产学研协同创新伙伴选择方法。本书可能的主要创新点包括以下三个方面：

第一，系统性分析产学研协同创新伙伴选择的理论框架，结合企业管理者的风险态度，提出基于科技型中小企业组织特点和产学研协同创新特征的伙伴选择理论框架。在前人研究的基础上通过归纳总结得到需求主导性、资源共享性、路径依赖性、地理邻近性等科技型中小企业产学研协同创新伙伴选择的特性，并结合科技型中小企业的组织特点，提出应当正视管理者的风险态度（冒险型、中间型、保守型）对协同创新伙伴选择的影响，从而避免因决策冒进导致的管理成本增加或技术泄露风险。最后，逐步分析研究科技型中小企业产学研协同创新伙伴选择的内在影响机理，构建考虑管理者风险态度的综合评价指标体系，为科技型中小企业伙伴选择提供参考。

第二，从微观与宏观双重视角分析科技型中小企业产学研协同创新伙伴选择的特征与影响因素。针对不同类型伙伴特征分析协同创新伙伴选择的作用，建立与学研方伙伴、企业伙伴的演化博弈模型，分析伙伴个体因素对产学研协同创新的影响。最后，通过仿真模拟多主体参与下企业伙伴选择的宏观涌现，分别探讨企业与学研方、企业与企业之间伙伴选择的群体效应对科技型中小企业发展壮大的影响。

第三，将多粒度犹豫模糊、模糊熵、改进前景理论、TOPSIS 等决策方法进行融合，采用组合评价方法解决科技型中小企业产学研协同创新伙伴选择问题。本书将多方面因素纳入统一的分析框架，较为全面地提出科技型中小企业产学研协同创新伙伴选择综合评价方法：在现有文献研究的基础上，深入分析协同创新伙伴能力评价指标，并结合科技型中小企业的实际情况将其应用于协同创新伙伴选择中；采用多粒度犹豫模糊综合评价方法，避免备选方案中由于伙伴类型差异造成的信息不可量化、指标不完整的弊端；通过改进前景理论提出考虑管理者风险态度的模型，并运用模糊熵计算未知权重。最后，通过算例验证表明，综合评价方法可以帮助科技型中小企业在复杂多变的市场需求下，运用自身调度灵活的优势，合理、高效地完成协同创新伙伴选择。

1.5 研究方法与技术路线

1.5.1 研究方法

在协同创新伙伴选择研究中，常用实证研究或多元统计、传统博弈等定量分析方法。本书基于演化博弈理论和离散系统模拟仿真等前沿性理论分析方法，结合访谈调研案例和实证数据，从研究针对的伙伴选择实际问题出发，力求保障研究方法的合理性，充分建立理论研究与实证研究相结合、定量分析与定性分析相结合的科学研究模式。研究方法主要包括文献分析法、演化博弈分析、仿真分析法和多粒度犹豫模糊评价方法。

（1）文献分析法。通过对数据库检索以及互联网资源、图书馆资源的充分利用，广泛收集、查阅、整理国内外关于科技型中小企业产学研协同创新伙伴选择的文献和资料，明确伙伴选择的最新研究进展和研究成果；厘清科技型中小企业产学研协同创新伙伴选择过程中的理论演化路径，并围绕前沿和热点，深入分析其发展脉络和趋势；基于以往研究，进一步系统地梳理与评述，挖掘其局限性与不足，为后续理论研究提供基本研究框架。

（2）演化博弈分析。本书从协同创新的视角出发，在有限理性的前提下，模拟科技型中小企业与学研方伙伴、企业伙伴间的协同创新过程，探讨不同类型伙伴选择对科技型中小企业产学研协同创新的作用路径。运用演化博弈理论构建模型，并分析不同参数值对科技型中小企业产学研协同创新博弈策略选择的影响，进一步分析影响科技型中小企业产学研协同创新伙伴选择的关键因素。

（3）仿真分析法。为交叉验证理论研究的结论和深入分析科技型中小企业伙伴选择行为，根据访谈调研数据，在 Matlab 数值仿真的基础上，依托 NetLogo 仿真软件，运用自主编写的科技型中小企业产学研协同创新仿真程序进行数值模拟。产学研协同创新活动涉及多方共同协作，属于典型的复杂系统问题，多主体建模方法对其较为适用。在该方法中，智能体（Agent）被用来描述某种以认识和模拟人工智能行为为目标、具有自组织能力的主体。在复杂社会系统中，智能体不仅具有自治性、社会能力、响应性、能动性等行为特征，而且兼具知识、信念、责任等属性特征；不仅可以作用于某特定环境，感知、吸纳邻域信息，而且具有生命周期，能够调节自身，并反作用于环境。本书通过对不同参数变化所蕴含的理论和实践意义进行阐释和说明，构建符合产学研协同创新系统复杂性的伙伴选择框架，将科技型中小企业、高校院所、科研机构、科技服务企业模拟为不同类型智能体，建立多主体间协同创新的仿真模型，分析以科技型中小企业为主体的产学研协同创新伙伴选择。

（4）多粒度犹豫模糊评价方法。将科技型中小企业伙伴选择问题视作多目标决策问题，针对伙伴类型差异引起的多粒度、模糊性语言信息问题，提出产学研协同创新的伙伴选择综合评价方法。该方法通过运用客观赋权法和多粒度犹豫模糊语言集，结合 TOPSIS，综合考虑备选伙伴的创新能力，并在此基础上，引入改进前景理论衡量科技型中小企业管理者的风险态度，进一步使方法贴近企业的实际需求。

1.5.2 技术路线

科技型中小企业是推动区域创新能力的主力军，伙伴选择是影响其产学研协同创新的重要因素。高效可行的伙伴选择方法可以提升多方协同创新的效率和增强向心力，最大限度地利用软硬件资源，从而提升整体实力和产业竞争力。本书的技术路线如图 1-3 所示。

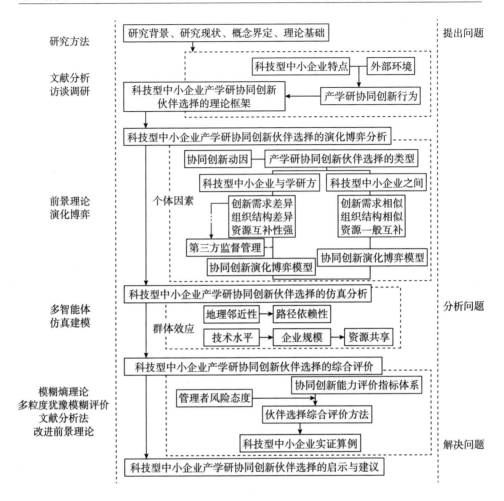

图1-3　技术路线

第一，在文献检索和访谈调研的基础上，界定和阐释科技型中小企业产学研协同创新伙伴的内涵，结合科技型中小企业发展现状和自身特点，重点探讨学研方和企业两种伙伴类型，分析不同伙伴关系对科技型中小企业产学研协同创新行为的影响，探讨科技型中小企业产学研协同创新伙伴选择的动因和特征，构建科技型中小企业产学研协同创新伙伴选择的理论框架。

第二，分析科技型中小企业与学研方伙伴、与企业伙伴协同创新的特点，在有限理性的假设条件下，分别建立科技型中小企业与两者协同创新动态演化博弈模型，探讨在外部激励下科技型中小企业和学研方所获得的收益情况，以及科技型中小企业之间充分考虑竞合关系的技术共享机制。最后，通过 Matlab 仿真分析讨论不同初始创新概率下影响科技型中小企业伙伴选择的路径。

第三，在理论分析的基础上，结合复杂系统理论，将单个科技型中小企业视为智能体，采用 NetLogo 对科技型中小企业产学研协同创新行为进行群体仿真模拟。模拟多主体参与下的协同创新活动，分析企业初始需求导向、资源共享、路径依赖、技术水平和地理优势等因素对科技型中小企业产学研协同创新伙伴选择的影响，并对有效促进区域科技型中小企业发展壮大提供合理的对策建议。

第四，构建科技型中小企业产学研协同创新伙伴选择综合评价模型，鉴于科技型中小企业特有的扁平状组织结构特征和管理者的风险态度对其伙伴选择具有重要影响，针对不同类型合作伙伴优劣势及不同的特点，提出多粒度犹豫模糊语言环境下的伙伴选择方法，并运用模糊熵理论对未知权重进行求解，结合改进前景理论引入决策者的风险态度，构建综合考虑备选伙伴的协同创新能力的评价方法，最后通过算例验证其可行性。

第2章　相关理论基础

2.1　资源基础理论

2.1.1　资源基础理论的发展

资源基础理论在企业战略相关文献中占有主导地位，试图用理论知识解释同行业中不同企业存在绩效差异的根本原因。资源基础理论最早被用于验证由资源差异导致的绩效差异，该理论基于一个重要假设，即行业中组织拥有的不可复制的异质资源导致了组织差异的存在。它的核心观点是，组织可以基于自身资源和能力，与其他竞争对手一决高下。这也透露出另一层含义，组织在做出关于资源选择和积累的决策时是具有理性的，会根据最终绩效结果的不同而作出判断。

伊迪丝·彭罗斯的《企业成长理论》强调企业可以被视为一组生产资源的集合，为现代企业的资源基础理论做了开创性的工作。Wernerfelt（1984）首次提出"资源基础观"的概念，并将其上升到理论高度，从资源而非产品的角度分析了企业的有效性，提出了资源位置壁垒和资源—产品矩阵的概念，以此作为工具指导企业的战略选择。企业的资源应该是指有价值的资源，即"产生租金的资源"（Bowman and Ambrosini，2003）。资源并不局限于传统有形资产及无形资产的经济生产要素，还包括特定市场或用户需求的知识、特殊的"惯例"，如决策技术或管理系统、处理产品营销和分销的复杂网络及其他复杂的社会资源（Mowery et al.，1998）。企业并非资源的简单集合，而是黏性的、难以模仿的资产和能力的组合。

Barney（1991）深化了企业资源基础观，并开发了一个框架用于评估特定的企业资源是否可以成为企业产生持续竞争优势的源泉，即企业资源的异质性和不可移动性是企业资源能够产生持续竞争优势的前提。在众多的企业资源中，能够发挥持续竞争优势的资源必须具备四个特征：有价值、稀有、难以模仿和不可替代。伊迪丝·彭罗斯认为，其他企业相近的同质性资源并不能从根本上增加企业竞争优势，企业特有的异质性资源才是企业产生竞争优势的源泉[①]。这与 Barney 的理论观点一致。

在资源基础理论中，反复被提到的一个概念是"资源"。资源被广义理解为能够充分展现组织或团队核心竞争力的任何事物，既包括固定资产，也包括无形资产，如知识技术的储备、研发能力等。学者根据各自的研究视角提出了不同的资源分类方法：Black 和 Boal（1994）将企业资源看作要素的布局或网络，根据构成资源集合的要素能够被识别的程度，将企业资源分为内含资源和系统资源；Miller 和 Shamsie（1996）分析了资源的特点并考虑其模仿壁垒，将企业资源划分为两种类型，即基于产权的资源和基于知识的资源；Del Canto 和 González（1999）分析了企业资源对绩效的影响，结果表明在财务资源、实物资源和无形资源三种资源中，无形资源在企业研发投资战略决策中起到至关重要的作用。只有当企业资源是有价值的，并且不能被竞争对手模仿、无法替代时，稀缺性才显得重要。因此，关注资源价值和不可模仿性也成为资源基础理论发展的核心（Hoopes et al.，2003）。

2.1.2　资源基础理论与协同创新

尽管资源基础理论并没有对如何获取异质性资源做出很好的指引，但是无疑表明了企业若想获得持续性的竞争优势，异质性资源在其中必须发挥重要作用。关于资源异质性对产学研协同创新的具体影响，以往的研究未能得出一致的观点。部分学者认为，资源的异质性能够提高协同创新的效率，使团队或组织获得更多的信息源，对创新产生积极的影响（Davis and Eisenhardt，2011）。然而，也有学者提出资源异质性会引发社会分裂，从而使组织间凝聚力下降，

---

① 伊迪丝·彭罗斯. 企业成长理论［M］. 赵晓，译. 上海：上海三联书店，2007.

增加关系冲突的可能性，在一定程度上抑制协同创新绩效提升。从资源基础理论的角度分析，研发合作可快速地提高企业的价值和竞争力，因此可被定义为有价值的资源。它的主要方法是通过与其他企业的资源进行整合和重组，实现企业之间的研发合作和创新（Miotti and Sachwald，2003）。现有文献探讨了组织进行协同创新的主要动因，可以归结为获取外部资源、实现成本共担和风险共享、提高企业绩效（张影，2019）。企业与外部组织之间进行协同创新的核心目的是从合作伙伴处获取互补性的战略资源（Vuola and Hameri，2006）。通过协同创新，企业可以利用合作伙伴的外部关系获取先进设备、专业技术、专业知识及产权和商业网络等资源，进而获得溢出知识，产生"新资源"，获得"合作剩余"（张影，2019；Schwartz et al.，2012）。

很多研究一直关注资源异质性或互补性的价值，并强调如何通过异质的、互补的知识促进创新扩散。Hess 和 Rothaermel（2011）认为：当内外部创新资源处于同一价值链环节时，由于知识的冗余性，内外资源具有替代性；当内外部创新资源处于不同价值链环节时，它们具有互补性。Ceccagnoli 等（2014）认为，合作创新中的互补性与企业的吸收能力、范围经济和专利许可经验成正比关系。科技型中小企业产学研协同创新伙伴选择问题是以资源基础理论为基石，认为企业持续性的竞争优势可以通过协同创新产生的、有价值的、稀缺的、不可替代并且不能复制的资源来获取，并且在这一过程中，由于备选的伙伴有天然的资源异质性，因此其与伙伴合作形成的新稳定关系之前存在不同的创新资源整合模式。如何筛选在市场上具有竞争力的资源组合模式是协同创新伙伴选择的核心。

基于资源基础理论的分析，科技型中小企业可以更好地进行自我感知，进而能够使企业管理者更清晰地认识自身的优势及企业独具的特征，为伙伴选择提供参考和依据，并通过不断地强化自身优势，最终形成使企业变得不可或缺的特质。此外，资源基础理论确保伙伴双方在协同创新中能够彼此清晰地认知各自特点，充分展示自己的特长，与伙伴构建持续有效的良性互动。一旦协同创新伙伴双方均准确认知了自己的优势资源，则对伙伴的需求也就趋于明显：可以判断在伙伴选择中哪些资源是被着重优先考虑的，并有助于企业保持长期竞争优势，最终使科技型中小企业资源更完备、覆盖面更广，对创新活动有更高效、更有力的推动。

2.1.3 资源基础理论与伙伴选择

在现有研究的基础上不难看出，伙伴选择是以伙伴的资源和技术差异作为主要参考因素的。这种差异虽然以资源和技术作为表象，但是其在深度上可以渗透到组织的多种属性和多种维度中，如企业文化、制度环境、技术存量、专业领域、学习能力、行业经验等。

从根本上而言，伙伴的差异本质是各种资源的差异。这种差异可能会导致知识、技术以及相关的创新资源在发生跨组织边界转移时，产生不同的效果。近年来，随着协同创新逐渐由单纯的双边关系蔓延成网络状结构关系，学者开始逐渐关心点对点的双边关系以外的、核心企业与多个主体间的协同创新。当这一过程涉及多个主体时，伙伴间的关系由单纯的资源异质性转向同时涉及资源异质性、组织异质性、制度异质性、文化异质性的复杂问题。资源属性匹配越来越成为伙伴选择过程中考虑的一个重要因素，但非全部。

2.1.4 资源基础理论在本书中的应用

科技型中小企业产学研协同创新的根本目标是资源共享、降低创新风险。资源匹配对伙伴选择有重要的影响。在现有研究中，关于资源配置与伙伴关系的研究主要有两种观点：一种观点认为，企业应当偏爱与自身资源存在明显差异的伙伴；另一种观点则认为，与资源同质的伙伴协同创新有助于企业在专业领域进行突破。也有部分学者将两种观点进行了综合，不单纯地将伙伴属性定义为相似或相异的，而是根据各方面因素综合判断在不同阶段使用的伙伴选择标准。

科技型中小企业灵活性较强，当处于不同阶段、不同行业时，可能会对伙伴选择的标准有不同的认知。当企业处于研究科学问题的高精尖行业时，专业化的集成程度较高，企业选择相似资源累积的匹配方式可以使合作双方尽快达成统一标准，同时有助于集中全部的科研力量和尖端人才，将研发力量用在"刀刃"上，大幅提高协同创新效率。科技型中小企业寻求协同创新是因为受因于自身规模或基础的实验试制、营销运作等短板时，进行相似资源的累积不利于企业展开横向连接，会由于技术和知识的重叠而降低协同创新的效率。此时选择与自身水平、规模相似的互补型伙伴可以补齐企业自身的短板，实现均衡发展。

综上所述，从资源基础理论的视角对伙伴选择的本质进行明确的定义，不仅可以准确地界定产学研协同创新伙伴创新资源异质性概念，还可以为伙伴选择评价标准奠定理论基础。

2.2 协同学理论

2.2.1 协同学理论的发展

协同学理论是用协同学方法解释自然科学现象，其基本理论与方法在系统研究和实践验证等方面得到了很好的应用。进入 21 世纪后，组织成长受到单个主体的活动及其产生的价值的限制，组织的快速成长无法实现。而伴随多主体相互合作的产生，完成某项目标所消耗的时间和资源相较于单个主体有明显的减少（梁超，2018）。随着研究的不断深入，协同学理论在社会科学研究中已经得到了广泛应用，尤其是在管理科学和创新管理的理论研究中，实现了研究的深度挖掘和广度扩充，形成了协同创新理论，同时孕育出了一系列新理论与新思想。

为实现多主体之间的高效率协作，要最大程度地提高资源价值。国内外学者从协作形式视角研究多主体协同，Ansoff（1987）最早提出了"协同"的概念和思想，并将其定义为：两个企业以资源共享为基础，通过业务之间的合作而实现的共生互长的关系，并且双方在共生互长关系前提下，能为彼此带来价值提升。Haken（1989）研究了耗散结构理论，以此为基础提出了系统化的协同学理论，并首次提出了"协同学"的概念。他认为人类社会和自然界的各种系统中都存在协同。尽管这些系统作用于不同领域，存在功能差异，但是从系统构成上看，它们具有某些结构共性，即都可以被进一步细分成多个子系统，而构成每个子系统的要素也是丰富多样的。协同就是在外部物质、信息、能量逐渐渗入的情形下，在各方之间发生作用形成序参量，从而实现系统内各要素在单个作用下无法实现的协同效应（黄菁菁，2018；解学梅、刘丝雨，2015）。协同效应大于个体要素价值的线性累加，协同关系属于系统内部，并不代表、不阻碍系统与外部的联系。学者以 Haken（1989）提出的协同学系统论为基础，不断地扩展并完善了协同的内涵。Coming（1998）以复杂系统演化为视角，将协同理解为不同主体之间相互依赖所形成的联合功能效应，其中主体包括自然界或人类社会中多个系统、不同要素或者个体等。协同作用可为复杂系统的进一步演化提供潜在的功能基础。

2.2.2　协同学理论与创新管理

传统的合作方式已经不能适应经济快速发展所带来的市场变化，协同学理论正是在这样的背景下得到了快速发展。协同创新概念的提出，不仅为学术界在创新管理方面探索了新的研究方向，还明确和扩大了协同学理论的应用范畴。协同创新的本质是通过整合产生"1+1>2"的作用效果，促使不同的创新主体之间通过协同产生整体效应，使创新活动在节约社会资源的同时创造出更多价值，获得单个主体收益累计所无法取得的整体收益。根据协同学理论可知，各创新主体在开放的系统中相互之间进行物质和能量的交换，而后通过内部运作形成时空上有序结构，从而维持良性运转。协同创新伙伴间由最初的无序碰撞转变为有规律的交流和沟通，进而进行合作和交流学习。尽管伙伴自身的组织结构、文化制度属性不同，运作规律不同，但是在创新过程中彼此相互影响又相互合作，即相互学习、配合、协调，同时彼此干扰和制约。Wang 和 Hu（2020）以供应链企业协同创新为研究对象，通过知识管理和创新能力理论分析其协同创新活动的运作机制。Xue 等（2018）以网络为视角分析创新的内在机制与协作关系，发现关键成员在相对密集的合作关系网络中起到了显著的作用。解学梅和刘丝雨（2015）提出了协同创新的多维模式，并以小企业的协同创新模式和创新绩效为研究内容，分析了协同效应所起的中介作用。万幼清和胡强（2015）分析了产业集群协同创新系统的运行原理，分别从创新、管理和制度三方面研究了产业集群协同创新的风险传导路径。徐淑平（2006）基于群落进化的特点，结合协同进化理论分析了科技型中小企业群落的演化趋势。武华和张文松（2019）认为，生态位的差异性对科技型中小企业的发展有较大的影响，发展企业的生态位并实现生态位协同可以促进自身的成长。

科技型中小企业产学研协同创新是一项复杂的系统性工程。协同主要体现在多要素之间的相互依存关系方面。在协同环境下，科技型中小企业创新绩效受到资源、技术、知识、风险的正向影响（常洁、乔彬，2020）。近年来，协同创新主体还增加了政府、企业、高校、科研机构和中介机构等，因此参与协同创新的主体较之独立自主的主体数量明显增加。多元主体采取了开放组织边界、获得外部创新资源的方式，实现差异化主体间的协调和互补，从而形成复杂的依赖与制衡关系。

2.2.3　协同创新中的协同效应

关于协同创新中协同效应的具体内容和维度方面，学者持有不同的观点。部分学者认为，协同效应是参与协同的主体之间为了突破自身技术瓶颈，在跨技术、跨领域实现的资源整合和有效优化，从而提升创新系统的竞争力。然而，Itami 和 Numagami（1992）认为，协同应该分为互补效应和协同效应两个方面，协同创新中的协同效应是以不同创新主体要素的整合为手段，在实际的协同中相互依赖、协作，从而实现联合、共赢，其中主体间创新要素（资源、关系、技术和信息等）的互补是前提条件。姚艳虹和夏敦（2013）从协同剩余的视角研究了协同创新，认为协同创新中的协同效应主要表现在创造的新产品、新工艺与新设备，不断提高的创新型人力资本，不断提升的创新能力，持续增长的经济效益及新增的科研成果等方面。王娟（2018）认为，在技术创新能力不断提升过程中，知识管理与人力资源管理协同扮演着重要的角色。王举颖和赵全超（2009）以协同进化理论为基础，从企业间、企业与环境两个方面揭示了集群环境下科技型中小企业协同进化机制。顾菁和薛伟贤（2012）研究了高新技术产业的协同创新特点，认为协同效应主要表现在以下三个方面：首先，使高新技术产业降低创新成本及风险，提高技术水平、生产效率及产品销量，从而增加高新技术产业的协同剩余；其次，提高协同创新系统的抗风险性，加强信息的传递性，减少各主体之间的矛盾，提高产业对市场变化的适应性；最后，提升创新效率，促进不同领域、学科、技术知识的融合，加快隐性知识的转化，提高生产能力、产业竞争力。唐丽艳等（2009）以科技型中小企业与科技中介为研究对象，构建了协同创新网络并分析其特征，从而对网络效应进行了全面分析。

2.2.4　协同学理论在本书中的应用

通过对现有基于协同学理论的创新模式进行分析可以看出，学术界对协同创新协同效应的研究主要集中在人才能力提升、资源共享和知识转移三个方面。

第一，人才能力提升方面。协同创新对人力资源的提升效应体现在多个方面，如人才培养、人才聚集等。多主体协同创新的协同过程，不仅涉及相似组织结构的主体间互动，还涉及产、学、研、用等多方机构的互相配合与深度交流。近年来，随着各高校院所倡导学术成果落地、注重培养应用型人才等一系列改革措施的落地，高校院所的成果能够走出校门，更好地与企业相结合。对高校院所及科研机构的人才培养策略也产生了很大的影响。部分传统地方高校院所的长期故步自封和被动发展模式严重制约了学校的办学质量，使得学术成果过于学院派，可以申请专利、发表论文，但不足以将其转化为符合市场需求的实际产品。而随着各地政策对产学研协同创新的扶持与引导，越来越多的学研机构通过共建协同创新中心，逐步打破隐形的围墙，将自身的科学研究与市场实际需要相结合，不仅调动了创新资源的匹配和协同，还使人才培养有了很大的改观。这种多元化主体的协同优势促进了校企之间的交流与合作，使学生能够更好地理解市场需求与行业实际运作，实现教育与应用的双向互通。校企共建协同创新中心：一方面，可以使高校院所具有良好专业背景和学术研究能力的科研人员为企业的技术研发指明方向，对企业的科研团队、基础员工进行培训，提升企业的研发效率；另一方面，可以使学研机构的学生更清楚地掌握实际需求，通过以任务为导向或以项目为导向的实践，提高自身的动手能力，真正成为能为企业所用的储备人才。

不仅如此，协同创新还促进了人才的流动与人才聚集效应的形成。随着协同创新的发展，潜在的各种因素引导人才流动的方向，可能使某一地区或某一行业形成局部的聚类现象。在协同过程中，所涉及的信息与知识的传递和碰撞均是通过人来完成的，这促使人与人之间形成相对独立又彼此关联的连接。不少学者也发现，由于产业集群化发展往往促使同类的人才产生高度凝聚的流动，产业聚集与人才的聚集几乎同时实现，并且随着集群规模的扩大，潜在的各种机会和较高的薪酬水平仍将保持对人才持续的高吸引力。

第二，资源共享方面。在协同创新过程中，各主体之间通过正式或非正式的制度形成了明显的利益共同体。它们通过交换彼此的创新物质（包括技术、资金、人才、知识、设备、土地等）、创新能量（包括创新动力、创新能力、创新欲望、企业文化、企业家精神等）和信息源，达到优势互补、风险共担的稳定平衡状态。

创新并不是一个孤立的、一蹴而就的过程，协同创新更是与当下的技术基础、市场需求、资金支持、创新政策环境等方面息息相关。协同的双方通过充分的资源共享，能够使彼此节约时间成本，在交流合作的基础上对现有资源进行充分的整合，促进合理配置和应用，真正使企业避免陷入单打独斗的资源困境。尤其是对于科技型中小企业而言，融资难一直是困扰其发展的主要问题。在国家"双创"政策的引导下，企业通过完善内部运营机制，与其他主体抱团合作，把协同学理论落到实处，为企业化解后顾之忧。

第三，知识转移方面。协同创新中的知识流动能够促进参与主体彼此间交互学习，取长补短，从而获得关键技术和竞争优势。

由于知识碎片化和技术专业化程度越来越高，对于一些复杂程度较高的高风险、高成本产品，多方协作不仅有利于缩短研发周期，还为知识的融合、进化和充分利用提供了良好的平台。协同创新过程作为主要依靠智力资本做出决策、知识密度高的环节，需要处理大量的数据、信息和零散化的知识碎片，是一系列复杂的知识运作过程。已经有许多研发密集型制造企业引入和实施了不同举措，以改善产品开发和创新流程中的组织学习和知识结构，从而获得竞争优势。企业与其他主体的协同创新能够促使显性知识与隐性知识不断转化和转移，从而进一步使知识碰撞后达到创新和增值的目的。这其中不仅包括了知识管理中常规的知识创造、获取、识别、选择、应用等过程，还额外强调了外部知识与内部智力资本碰撞时产生的知识情景。

2.3　演化博弈理论

2.3.1　演化博弈理论的发展

博弈论是决策主体在与其他主体存在相互影响的利益关系时，从自身情况出发，做出利益最大化的决策的过程。中国传统围棋和象棋是博弈理论的早期应用，其本质均为主体间行为交互的背景下单个主体运用个体智慧谋取胜利的活动。

von Neumann 和 Morgenstern（1944）在法国数理经济学家 Cournot 对垄断、

双垄断和双边垄断进行分析的基础上，用严谨的数学方法推演有关竞合的问题，提出并证明了极大值、极小值的存在。这一研究一经问世就被认为拉开了现代博弈论发展的序幕。直至 20 世纪 50 年代，Nash（1951）提出了纳什均衡（Nash Equilibrium），在合作博弈的基础上研究非合作博弈中的均衡，进一步划分并拓宽了博弈论的运用范畴，标志着研究进入全新时代。

Smith 和 Price（1973）通过将经济学中的博弈论与生物学相结合，提出博弈论动态演化的核心思想，并首次用数学公式推演演化稳定的概念，提出演化稳定策略。自此，演化博弈理论正式诞生（Gintis，2000）。演化博弈理论将博弈重点从静态均衡和比较静态均衡上转移至动态均衡（Nowak，2006）。其最大的区别是理解参与人并非处于信息完全条件下的完全理性人，而是处于复杂环境所导致的信息不完全情况下的有限理性参与者。在这种背景下，确定群体中大部分参与个体会采用的、优势明显的策略为演化稳定策略。演化稳定策略不受少部分参与个体的影响（Szabó and Fáth，2007），且任何偏离演化稳定策略的其他策略均会被自然选择淘汰。生态学家 Taylor 和 Jonker（1978）促进了演化博弈理论的又一次突破性发展，即提出复制动态方程，进一步描述某一群体对特定策略的采用频率。复制动态方程描述了演化博弈中趋于演化稳定状态的动态收敛过程，与演化稳定策略共同形成了演化博弈理论最基础的核心概念。之后，演化博弈理论得到了国内外学者的普遍关注。

2.3.2　基于演化博弈的协同创新研究

博弈论使用严谨的数学模型，推演实际生活中参与者判断自身预期利益并做出选择的决策问题，其应用领域非常广泛。博弈的参与人是指在博弈的过程中能够独立地做出决策并能承担结果的决策者。这个决策者可以是个人，也可以是一个组织（如企业或部门）、群体。每个参与人都应该是平等的，都严格地按照所制定的博弈规则来参与。国内也不乏学者针对管理情境中的协同过程进行博弈研究，其在科技型中小企业产学研协同创新方面也有很好的应用，如科技成果转化过程中的博弈、联盟企业间合作机制的形成、科技资源共享等。史竹琴等（2017）以协同创新为视角并结合博弈论开展了科技型中小企业创新联盟方面的研究，构建了科技型中小企业创新联盟协同创新的演化博弈模型，分析稳定性因素并提出了实现联盟稳定性策略。卢珊和赵黎明（2011）结合协同学理论和博弈论，分析能够对支配企业与创投协同行为产生影响的因素，说明了两者协同行为的复杂性，从而为企业与创投协同发展提供了理论参考。戚湧等（2013）以协同创新主体资源共享视角为切入点，提出了协同创新资源共享的本质，构建了政府、企业、高校院所或科研院所三者之间的演化博弈模型，并提出了政策建议。李恩极和李群（2018）将委托代理理论、合作博弈和厂商模型相结合，提出了政府主导的产学研协同创新过程中的利益分配机制。俞慧刚（2020）集合演化博弈理论，从校企双方合作原因、合作模式、利益分配及合作策略四个方面分析了校企合作的动态演化过程中存在的问题。台德艺等（2015）通过合作意愿度分析了供需合作子网内部两节点的博弈格局。于娱和施琴芬（2013）建立了博弈模型，计算并比较了 Nash 非合作博弈、Stackelberg 主从博弈和协同合作博弈的结果，并提出了校企合作的知识共享策略。本书研究不同伙伴类型对科技型中小企业产学研协同创新决策的影响，运用基于有限理性假设的演化博弈分析伙伴协同创新策略的演化稳定点，并通过模拟不同参数对协同创新策略的 ESS 点演化影响，进一步探讨促进协同创新的影响因素。

在一场典型的博弈活动中，参与主体通过对有限策略的评估，最终选择最优解。这也符合前景理论的决策过程。因此，也有学者提出，前景理论属于心理博弈的一部分。近年来，国内外学者将前景理论与博弈研究相结合，在讨论博弈的过程中增加了心理学因素，以更好地判断博弈参与主体的决策依据。陈志松（2017）将理性期望效用理论和前景理论相结合，揭示了战略顾客行为中的决策与契约协调机制和改进的收益分享契约机制，从而为供应链的协调发展提供了理论依据。吴洁等（2017）结合前景价值函数得到了支付矩阵的参数计算方法，分析了知识转移过程中前景损益对期望收益的影响，结果表明博弈策略受潜在的收益的影响较小。徐建中和徐莹莹（2015）提出了考虑前景理论的演化博弈方法，构建了收益感知矩阵，分析了在政府监管下企业促进低碳技术创新策略实施的因素。

2.3.3　基于演化博弈的仿真建模

演化博弈理论也可以采用数值模拟的方法进行仿真，意图在改变初始变量的情况下，考察博弈系统在采取的策略比例上的变化，验证并分析演化均衡的稳定性，通常这种模拟有很多种方式，如运用 Matlab、系统动力学、NetLogo 等仿真软件进行模拟都是演化博弈理论常用的方法。陈劲等（2014）以有限理性假设为前提，结合演化博弈理论和多智能体建模方法，通过 NetLogo 构建了产学研合作非对称演化博弈和仿真模型，探讨了收益参数对合作系统的影响。吴洁等（2017）运用 Matlab 对联盟企业间的知识转移进行仿真模拟，探讨累积前景理论影响下各因素的作用机理。

2.3.4　演化博弈理论在本书中的应用

产学研协同创新本质上是各参与主体对创新策略的博弈问题：参与博弈的主体以自身利益最大化为目标，在有限理性的约束下，进行博弈策略选择。科技型中小企业通过协同创新伙伴选择增加整体竞争力，其本质是合作博弈的进一步深化。参与双方对合作策略达成共识后，可形成长期稳定的伙伴关系。

本书围绕科技型中小企业产学研协同创新构建演化博弈模型，分别探讨科技型中小企业与学研方伙伴、企业伙伴间的策略选择，并在此基础上结合前景理论对模型进行理论分析。首先，采用 Matlab 对演化博弈理论进行仿真模拟，研究两个企业博弈过程中的策略变动。其次，为了进一步研究科技型中小企业群体参与产学研协同创新伙伴选择的宏观涌现，利用 NetLogo 仿真软件构建仿真模型。运用多主体建模的便捷性，研究参与主体随时间推进的运作规律，利用自下而上的建模方式，通过设定单个创新主体属性和行为规则，区分不同类型主体特征，促使各个主体按照自身运行规则不断重复演化博弈过程。最后，主体间经过学习和模仿，不断调整自身属性，修正博弈策略，历经多次演化迭代后使系统达到稳定状态。

2.4　前景理论

2.4.1　经典前景理论

前景理论，即展望理论，最早是 Kahneman 和 Tversky（1979）在经典期望效用理论的基础上基于行为心理学提出的。前景理论探讨影响选择行为的非心理因素，指出人为判断和决策会受不确定因素的影响，使期望标准和价值本身出现偏差，并会依据不同的参照点进行主观选择。早期研究发现，期望效用理论在很多时候难以解释面临风险行为时做出的决策，因为人们通常把结果看作一种得失关系，而不是财产或财富的最终状态。这种得失关系受参考点的影响，会改变人们对最终财富的判断。这一理论的出现改变了传统经济学中对期望效用理论的依赖，更科学地解释了在实际分析中决策者的风险偏好对策略选择的影响。

Kahneman 和 Tversky 的前景理论按照前景编辑阶段和估算阶段两个阶段划分决策选择过程，并通过实验实测发现价值函数呈曲线，即收益为凹函数，损失为凸函数，总体上呈现"S"形，且损失相较于收益更陡峭，从而形成早期对损失规避的解释；权重函数则呈现倒"S"形，表现出对小概率的高估和对中大概率的低估。前景理论很好地解释了人们选择行为反映出来的确定性效应（Certainty Effect）、孤立效应（IsolationEffect）和反射效应（Reflection Effect）。

2.4.2 累积前景理论

虽然本书基本包含了经典前景理论的所有基本观点，但该模型在某些方面有一定的局限性：它仅仅应用于最多两个非零结果的博弈，并且仅仅对人们的行为进行描述。Tversky 和 Kahneman 于 1992 年发表了前景理论的修正版本，称为"累积前景理论"，突破了这些局限。

前景理论主要包含价值函数和权重函数两部分，前景价值计算方法如下：

$$V = \sum_{i=0}^{n} \omega(p_i) v(\Delta x_i) \tag{2-1}$$

其中，V 为前景价值，$\omega(p_i)$ 为权重函数，$v(\Delta x_i)$ 为价值函数。

价值函数是决策者依据实际效益、损失所产生的主观感受的价值，Tversky 和 Kahneman（1992）提出的价值函数如下：

$$v(\Delta x) = \begin{cases} \Delta x^{\alpha}, & \Delta x \geq 0 \\ -\theta(-\Delta x)^{\beta}, & \Delta x < 0 \end{cases} \tag{2-2}$$

其中，Δx 为偏离参考点的距离，$\Delta x \geq 0$ 表示获益，$\Delta x < 0$ 表示损失；α、β 为风险态度系数；θ 为损失规避系数。通过对 α、β 赋值，可以体现主体的风险态度。对于权重函数 $\omega(p_i)$ 而言，则是通过参数 γ 对状态发生概率 p_i 进行修正后得到，反映了状态发生概率 p_i 与权重函数 $\omega(p_i)$ 的关系。权重函数的计算方法如下：

$$\omega(p_i) = \frac{p_i^{\gamma}}{\left[p_i^{\gamma} + (1-p_i)^{\gamma}\right]^{\frac{1}{\gamma}}} \qquad (2-3)$$

当 p_i 较大时，$\omega(p_i) < p_i$，而当 p_i 较小时，$\omega(p_i) > p_i$，即人们对小概率事件发生的可能性容易产生过高的估计，认为其总是可能发生的。前景理论揭示了潜意识心理对决策结果的影响，促进了决策理论的不断完善（徐海军等，2018）。

效用曲线的概念是由 Bernoulli（1954）最早提出的，它表明决策者在面临风险的情形下对其收益损失问题的反映，通常将决策者的风险态度拟合成曲线，以衡量人们对不确定性的主观态度和倾向。马健和孙秀霞（2011）以 Bernoulli 提出的效用函数为基础，在效用曲线中加入新的变量，从而提高收益相对损失的敏感性，实现了对前景理论的改进，改进后的价值函数如下：

$$v(\Delta x) = \begin{cases} \varphi \Delta x^{\alpha}, & \Delta x \geqslant 0 \\ -\theta(-\Delta x)^{\beta}, & \Delta x < 0 \end{cases} \qquad (2-4)$$

其中，φ、θ 反映决策者对于收益或损失的敏感程度。当 $\theta=1$、$\varphi>1$ 时，收益相对于损失更敏感；当 $\varphi=1$、$\theta>1$ 时，损失相对于收益更敏感。

以上说明了前景理论的四个要素：参考依赖性、损失厌恶、敏感性递减、概率加权。首先，在前景理论中，人们从收益和损失中获得的效用是相对于某个参考点来衡量的，而不是财富的绝对水平。其次，价值函数反映了损失厌恶的概念，即人们对损失（即使是很小的损失）的敏感度要远远高于对同等规模收益的敏感度。再次，价值函数在收益区域是凹的，而在损失区域是凸的，呈现出敏感性递减的特征。这如实反映了决策者对中等概率事件收益的风险厌恶倾向。最后，在前景理论中，决策权重是通过一个以客观概率为参数的加权函数来计算的，即人们不是用客观概率来衡量结果，而是用转换概率或决策权重来衡量结果。这从原理上解释了人们对极小概率风险的态度，面对收益倾向于概率性高回报，而面对风险倾向于既定损失，与很多人在实际中不仅热衷于彩票还喜欢买保险的经济行为相契合。

2.4.3　基于前景理论的决策分析

目前，学者对前景理论在模糊多准则决策领域的研究也较为成熟。Gomes 和 Rangel（2009）以基本前景理论为参照，将某属性值作为参考点的标准，通过层次分析法得到各决策属性的权重系数，从而提出交互式多准则决策方法

（TODIM）。Miyamoto 和 Wakker（1996）以非期望效用理论与多属性效用理论为基础，提出了一种结合前景理论的决策方法，并证明了其在多属性决策问题中应用的可行性。Conway（2002）研究了前景理论中的收益损失比，结果发现当环境复杂、备选方案多时，决策者可依据确定的属性进行决策。Tamura（2005，2008）以前景理论模型为参考，提出了一种可准确计算备选方案的多准则决策方法。Lahdelma 和 Salminen（2009）以分段线性差函数和随机多准则可接受性为基础，计算不同方案的可接受性指数，提出了一种随机多准则决策分析方法，并证明了考虑偏好信息的决策问题鲁棒性。Bleichrodt 等（2009）结合前景理论研究了不确定决策问题中的可加性效用，其决策的属性可从一个扩展为多个。

国内学者对基于前景理论的模糊多准则决策方法同样有研究，并且取得了丰硕的成果。胡军华和周益文（2009）针对不确定条件下的多准则决策问题，创新性地提出了一种基于前景理论的决策方法，在此基础上胡军华等（2009）还提出了基于前景理论的语言评价模糊多准则决策方法。王正新等（2010）研究了多属性决策问题中决策者的风险偏好因素，分析了其对决策问题的影响，进而提出了一种考虑前景价值的多指标灰关联决策方法。

前景理论揭示了潜意识心理对决策结果的影响，促进了决策理论的不断完善。秦娟等（2016）考虑决策者风险偏好和评价指标，以物流企业选择供应商问题为案例，通过累积前景理论计算方案的综合前景价值，提出了一种可行的供应商选择 TOPSIS 法。尽管前景理论在某种程度上很好地解释了个别中小企业背水一战时往往会产生重大的组织创新或技术变革的原因，但是对于多主体协同创新而言，并不能够充分证实冒险与逆境的关系，只能佐证当企业处于不同的背景和发展阶段时，管理者对于伙伴选择的评判标准是不同的，即参考点会随着时间和条件而发生变化。将主体的心理风险因素引入决策行为，有助于科技型中小企业选择更符合实际需求的协同创新伙伴，最大程度降低创新风险。前进理论可以通过改变参数取值、参照点选取、计算决策权重函数等对伙伴选择问题进行优化。参考点是衡量获益和损失的重要参数，因此在前景理论中选取合理的参考点对决策结果有重要的影响（王应明等，2017），本书选取多属性决策中的参考点为正负理想解。

通过上述国内外学者对前景理论的研究可以看出，目前在前景理论基础上对已有理论不断发展与改进，已获得丰硕的研究成果，可总结为两个方面：一是深入研究了前景理论中的价值函数，同时通过与相关数学理论结合形成了新的决策权重函数形式及参数获取方法；二是着重将前景理论应用到实际问题中，尝试通过应用该理论解释现实中其他理论所不能解释的社会现象。

2.4.4　前景理论在本书中的应用

科技型中小企业往往采取简单的扁平式结构，即管理者通过直面多个中层管理部门来有效完成企业的调动和调整。因此，在做出伙伴选择决策时，管理者的心理感知和预期判断对决策有明显的影响。前景理论正是基于这一点，提出并试图解释在收益存在不确定性和潜在风险时，管理者是如何做出决策的。

在产学研协同创新中，承担风险是管理活动的必要部分。这种创新风险不仅反映了伙伴选择可能带来的结果及各种结果出现的概率，还在一定程度上反映了科技型中小企业管理者的主观认知。科技型中小企业管理者在面对收益时表现出了风险回避的倾向，面对损失时则有明显的风险偏好，其中更深一层的含义是在实际中根据偏好高估小概率事件，而低估大概率事件。在科技型中小企业产学研协同创新伙伴选择问题中，企业管理者往往会放大对最终收益或项目研发成功的心理倾向，而对协同创新过程中可能存在的潜在项目风险有一定程度的忽略。

通常情况下，管理者的风险态度被归为个人特质，但科技型中小企业的组织结构可以放大此类个人特质在管理决策中的作用。传统的决策理论认为，持风险回避态度的管理者会选择低风险水平、带有一定保障性的创新项目，而风险偏好型的管理者倾向于高风险、高投入、高回报的创新项目。这种传统决策理论的背后是假定企业管理者可以准确地评估出每一次决策所带来的风险水平，并且能够准确地在风险收益组合中进行简单选择。而在实际操作中，由于发生的事件存在偶然性和未知性，管理者不能简单地判断所有的可能性。关于管理者风险偏好对创新风险的影响研究，虽然已经引起学者的关注，但是目前还处在初期摸索阶段，与企业管理者风险态度有关的决策行为和企业战略发展关系的研究有待进一步发展和完善。充分考量前景理论，可以使得科技型中小企业在伙伴选择决策时对自身实力有清醒的认识，避免高估自身扭转不利局面的能力，从而有助于企业尽可能地做出周全决策。

综上所述，前景理论与协同创新伙伴选择过程有明显的相似性，理论中明确指出，面对几种具有不确定性的不同选择时，管理者或决策者会基于某个参考点或某种心态判断自己的收益和损失。简单而言，当面临具备某种创新资源的备选伙伴时，项目评估不完善、风险认知不准确、调研信息不完全等因素共同作用，对管理者自身的判断体系产生影响，使该伙伴在多个企业管理者认知中有不同的分值。较期望效用理论而言，前景理论能够更贴合实际生活中对决策行为的预判。因此，本书应用前景理论，结合科技型中小企业管理者的风险态度，探讨企业协同创新过程中不同风险态度对决策的影响。

第3章 科技型中小企业产学研协同创新伙伴选择的理论框架

科技型中小企业作为推动科技成果转化的活跃载体，在协同创新领域是极具发展潜力的群体，其作用不容小觑。党的十九大报告提出"深化科技体制改革，建立以企业为主体、市场为导向、产学研深度融合的技术创新体系，加强对中小企业创新的支持，促进科技成果转化"。然而，科技型中小企业在自身规模、技术攻关及抗风险能力等方面存在局限性，仅凭"单兵作战"难以保持稳定的优势。这使科技型中小企业在研发创新活动中倾向于向外部寻求技术和资源的共享，组建形成产学研相结合的稳定的协同创新联盟（王国红等，2015）。尤其是对于一些高风险、高科技产品而言，科技型中小企业产学研协同创新的形成，不仅有利于提高创新成功率、降低创新风险、缩短研发周期，还为技术的融合、共享和优化提供了良好的保障。

本章以科技型中小企业为主体，探讨产学研协同创新过程中伙伴的内涵、类型，以及伙伴选择的动因、特征等方面的内容，将科技型中小企业产学研协同创新伙伴的类型归纳为学研方伙伴与企业伙伴两大类，并着重分析其特征。

3.1 科技型中小企业产学研协同创新伙伴的内涵

3.1.1 科技型中小企业产学研协同创新伙伴的界定

在我国古代存在过"十人为火、共灶饮食"的模式，同火的士兵称为

"火伴"，后多写作"伙伴"。而现在"伙伴"已引申发展为共事之意，泛指合作共事的某种组织或个体。合作伙伴是各主体为达到共同目标而在一起协调工作、共担风险所扮演的角色，应具有一定的资产、竞争力、吸引力、管理与服务的能力以及分享经验的意愿。对于科技型中小企业这样的知识密集型实体，受自身规模限制，对伙伴的需求较为强烈。

本书将科技型中小企业产学研协同创新伙伴定义为：以科技型中小企业为主导，高校、企业、科研院所等创新主体通过能力互补、资源共享和内外优势联合，立足于解决行业关键共性技术的协作。这一定义主要有以下三个方面的含义：一是从参与主体构成来看，不同于一般意义上的协同创新和产学研合作，主体围绕科技型中小企业展开，深入探讨其与高校、企业、科研院所等创新主体间的桥梁或纽带作用。二是从协同创新目的来看，伙伴构成的类型是以技术为特征的，解决行业共性技术问题是联结为伙伴关系的根本目的，这也是科技型中小企业选择伙伴的主要动机。本书所指的合作伙伴主要包括学研方伙伴和企业伙伴。三是从创新主体关系来看，伙伴关系是相互的，其他创新主体是科技型中小企业协同创新的伙伴，同时科技型中小企业也是其他主体的伙伴。因此，科技型中小企业在这个协同模式中既是产学研协同创新网络形成的主导者，也是相对于其他主体的参与者。

3.1.2 科技型中小企业产学研协同创新伙伴的类型

产学研协同创新中所包含的企业、高校院所、研究机构、科技服务业等主体间都存在强弱不同的连接，这些连接有不同的形式。例如，它包括以生产制造或产业链为主的纵向连接，以科研攻关为共同目标的校企联合等横向连接，或金融机构、科技服务业、政府部门等形成的辅助连接，如图3-1所示。尽管连接的种类不同，但是其间的互动性为分工和协作奠定良好的基础。各主体间可形成有线连接的本质在于两点之间存在技术或资源的差异性和互补性，稳定的交互作用能够有效促进网络中各主体间、各环节的良性运转。

科技型中小企业的成长和发展建立在创新的基础上，因此其创始人或初始团队一般在某特定领域内具有一定的学术基础或学科背景，即曾是科研院所、高等学校等的科研人员或企业研发人员。因此，在创新伙伴选择方面，以学研方伙伴或企业伙伴为主。本书将外部合作伙伴类型归结为以产学研为典型代表的学研方伙伴和存在供需关系的上下游或具有竞合关系的企业伙伴。

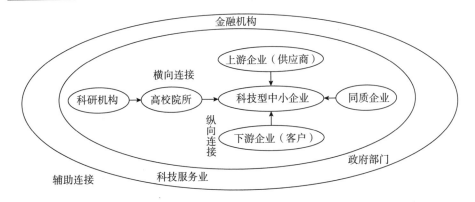

图 3-1 科技型中小企业产学研协同创新伙伴的多样性

（1）科技型中小企业与学研方伙伴协同创新行为。企业与其他企业、高校、科研机构或创新平台合作是企业获得创新力量的重要手段。其中，与高校合作可以通过了解学校的人才培养机制或吸引学生参与的方式进行，这可以让高校明白市场真正需要的人才是哪种，并因材施教地培养出更多的高素质人才，而人才可以帮助企业充分利用这些资源，从而提高自身的创新力。科技型中小企业与科研机构合作能进一步提升科技成果的经济效益，使科技成果可以向科技型中小企业迅速渗透。高校和科研院所具备技术知识密集和研发设施完备的优势，不仅可以创造新专利、新知识、新技术，还可以通过教育、培训以及成果转化等方式促进知识、信息和技术的扩散。学研方伙伴既拥有优越的基础设施、研发平台、仪器装备，也拥有一流的科研团队，同时相应的技术储备和知识创新能力也较为稳定。此外，学研方人才充盈，部分兼职人员与离退休返聘人员也能够为企业提供有效的技术服务或咨询，其丰富的研发经验和技术储量有助于科技型中小企业规避创新路上的潜在风险，最大程度地减少由研发方向偏差而陷入困境的可能性。这种协同创新模式有助于科技型中小企业减少创新过程中的盲目性，集中企业资源进行产品实用性研究和优化市场营销运作，将科学研究成果迅速商业化。在协同过程中，不仅能够充分发挥学研方伙伴的技术优势和良好的实验条件优势，还可以充分依托科技型中小企业完成产品的推广和运营。各伙伴间职责明确，协同权限划分清晰。随着协同创新程度的加深，可以进一步构建稳定的协同创新平台，加强企业与学研方的融合，这对培养应用型人才、促进科技成果转化、实现产品技术的快速更新迭代等多个方面有重要意义。

与高校院所或科研机构形成伙伴关系是科技型中小企业面临技术困境时的第一选择，相比于其他组织形式，产学研的固定搭配对技术创新有明显的促进作用。从创新资源投入来看，学研方具有在前沿技术和基础技术方面有扎实的功底、实验试制条件充分、专业技术人员充足等优势条件，这刚好可以有效补足科技型中小企业创新资源匮乏的短板。此外，由于高校院所和科研机构在科技成果转化方面先天条件不足，因此也需要同企业合作才能真正实现技术落地。但是，产学研各方组织结构差距较大，可能存在利益目标上的矛盾（蓝晓霞，2014；王耀德、林良，2018），沟通协作的匹配性难度也相应增加，对于技术含量相对较低、研发周期短的项目而言，协同创新弊端明显。

（2）科技型中小企业与企业伙伴协同创新行为。科技型中小企业作为创新价值最直接的需求者和获益者，在协同创新中的作用不言而喻。从技术演化角度来看，科技型中小企业作为技术创新的风向标，其市场敏感性高，在发现问题、引导问题上具有独特作用。协同创新企业主体不仅涵盖大型骨干企业、行业领军企业、龙头企业，还包括行业内外的其他辅助企业或上下游企业。

首先，科技型中小企业因受自身规模限制，与上下游企业的连接十分密切，不仅涉及与上游供应商企业间的产品定制研发或配套购买，还包含与下游客户企业的协同。余佳和游达明（2019）通过构建博弈模型比较五种供应链竞合模式的效率表明，过高的研发成本、风险厌恶水平或较大的市场波动都会降低供应链的研发积极性及利润水平，供应链研发的关键是维护稳定的外部研发环境，降低研发的不确定性。与上下游企业构建伙伴关系的主要价值体现在产品能够准确反映各层级的需求信息，最大程度地降低各层级对需求和任务理解的偏差（von Hippel，2007），降低分部件成本，并便于收集客户企业的显性、隐性反馈，提高产品服务配套性。

其次，由于同质企业在技术、行业领域、产品服务对象等方面存在重叠，因此科技型中小企业与同质企业间通常是竞争多于合作的关系。但在特定条件下，如面对项目体量大、专业技术互补性强、核心资源匹配度高等情形，构建伙伴关系时难免是合作与竞争并存。同专业领域内、处于不同生命周期的企业相互合作，有助于年轻企业或技术薄弱的企业尽快掌握特定研发技术和专业知识（Kim and Higgins，2007），同时同质企业形成的行业联盟还有助于行业规范和标准的制定。但企业间创新要素的同质化也可能导致"单轮驱动"现象

（赵隆、于宏源，2019），因此对伙伴的"搭便车"行为和机会主义行为的监管力度也相应较大。

最后，科技型中小企业在创建初期或项目研发初期，如果能够与规模以上、有一定经济实力的核心企业合作，能够有效加快企业成长的步伐。科学技术跨学科融合的发展，促使各个行业内的企业强化集群意识。通过多种创新平台或孵化机构集聚外部社会资源和技术支持，既可以为企业现有产品和技术提供更多的拓展思维和知识储备，又可以提升企业在业内的知名度和市场竞争力（陈伟，2017）。对于开展合作协同的传统大型企业而言，将非核心业务的项目研发授权给科技型中小企业协同完成，可以完善创新项目，优化创新资源配置，快速拓展业务面，提升行业整体配套服务水平。因此，这种合作对于我国现阶段企业有很好的普适性和启示作用。

此外，中介和政府在科技型中小企业产学研协同创新伙伴选择中起着重要作用。科技中介通过提供专业性服务支撑和促进协同创新活动的达成和持续发展，政府则通过制定促进协同创新的政策和创造有利的外部环境来参与其中。本书并非不赞同以往研究中把政府和中介作为伙伴的做法，而是从创新活动的直接实施者角度出发，将中介机构和政府合并在创新主体伙伴选择的因素之中。

3.1.3 科技型中小企业与产学研协同创新伙伴的关系

科技型中小企业拥有更多合作伙伴意味着产学研协同创新的壮大和扩张，但它也可能会失去协同创新中的主导地位和中心位置。由文献综述可知，科技型中小企业的不同创新模式对投入的技术水平和创新资源要求不一。在图 1-1 的基础上，以科技型中小企业技术水平和合作伙伴技术水平两个维度考察企业间技术创新关系，可以得到图 3-2。

如图 3-2 所示，当双方技术水平均处在较低位置时，采取联合开发有助于双方建立良好稳定的合作关系，共同成长、共同进步。随着双方技术水平得到提升，当科技型中小企业及伙伴都可以在相应的技术领域内独当一面时，联合开发的合作关系就演变成了竞争与合作并存的竞合关系。这一关系也是科技型中小企业与市场上同质化企业的主要关系。如果科技型中小企业技术水平相对较低，由于协同创新伙伴技术已经趋于成熟，则会出现科技型中小企业技术成长依托于协同创新伙伴的局面，形成依附关系。最典型的就是产业集群中核心企业带动科技型中小企业共同成长的关系结构。但当伙伴的技术水平已经远远高出市场上的普遍水平时，多数科技型中小企业倾向于通过技术购买直接获得成熟的技术。同样地，当伙伴技术水平较低时，由于科技型中小企业自身起始技术水平较高（一般出现在企业研发团队或创始成员中，包含具有高级职称的专业技术人员、科研工作者或高校教师等），则会出现以科技型中小企业为技术主导，伙伴提供相应的实验、试制生产、工艺设计甚至上下游配件或配套服务的局面。当科技型中小企业的技术成熟、水平显著高于市场平均水平时，技术转让的概率会增加。此时科技型中小企业的组织结构和实际承载能力已经难以负荷过高的技术水平所能带来的市场需求和机遇，将技术转让给其他有实力的伙伴是科技型中小企业充分考虑技术前景和市场匹配程度后的最优选择。

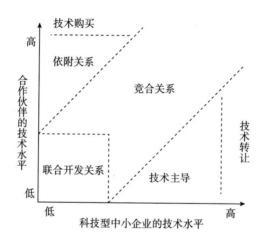

图3-2　伙伴技术水平对伙伴关系的影响

　　科技型中小型企业与伙伴在协同创新过程中也是相互渗透的，共存于交错的网络中，可通过企业间的协同以达到聚集资源和财富、实现企业飞跃式发展、降低发展成本和风险、提高创新创业的成功率和利润率的效果（许芳、李建华，2005）。企业间的协同创新是一个动态演化的过程：一方面，科技型中小企业通过不断寻求技术进步或协同创新来扩张网络，与更多的伙伴共同开展协作；另一方面，新的伙伴间也会随着彼此关系强度、关系质量的变化而形成新的连接和节点。因此，协同创新伙伴关系的形态如图3-3所示，包括双方实力相当的联合开发关系，既可以联合开发又能够独当一面的竞合关系，强弱不均形成的依附关系与技术主导，以及技术购买或转让关系。

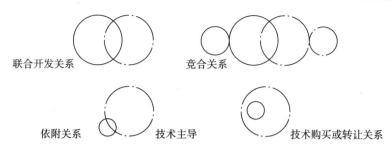

联合开发关系   竞合关系

依附关系   技术主导   技术购买或转让关系

图 3-3 协同创新伙伴关系的形态

（1）联合开发关系。联合开发是将科技型中小企业与其余伙伴放在相对等的互利位置而形成较为紧密的联系，通过双方频繁地交流和沟通，实现取长补短、携手共进的发展模式。采用联合开发的伙伴关系，双方在沟通频率、交流深度、人才流动等多个渠道都有比较稳定的连接，对彼此的研发能力、企业状况、创新需求有很明确的认知和了解，从而可以产生良好的协作效果。它有助于科技型中小企业充分发挥自身的市场优势，调动有限的资金和技术力量，积少成多，破除独立创新面临的困局。

通常联合开发的伙伴关系涉及产业相关性较大的若干中小企业或机构间的强强联合，集中各方在资源、人才、信息、知识等多方面的优势，围绕固定项目研发形成凝聚力。这种协作模式根据产业政策的引导，构建平等互利的协同创新平台，引导科技型中小企业、高校院所、科研机构、金融服务部门、上下游企业等配套部门协同参与。

（2）依附关系。这主要是指科技型中小企业通过与规模、资金、技术实力均优于自身的企业、学研机构合作完成配套项目或配套技术的开发。一方面，科技型中小企业可以通过共享伙伴现有的良好技术平台和行业地位拓展自身产品和市场领域；另一方面，能够深层次接触行业核心企业或龙头企业，在潜移默化中学习先进的技术经验和经营管理经验。

科技型中小企业的科技性体现在产品结构、人员配比等技术方面，技术团队或研发团队往往已经在行业内有一定的技术基础或学术背景。但对于企业规模而言，与大型企业同步竞争，科技型中小企业仍有明显的劣势。因此，与行业核心企业、集团企业、龙头企业合作时，科技型中小企业多倾向于建立依附关系，且所依附的企业往往技术成熟、经营规模庞大、有稳定的市场销售份额。依托核心企业的市场份额，科技型中小企业围绕核心企业的研发需求和生产设计需求，通过较短的研发周期、较低的创新成本为其提供相配套的技术信息或支持服务等。例如，对于日本的松下电器公司而言，与它协作的中小企业约有1200多家，其所需零部件的70%~80%由中小企业提供。

（3）技术主导关系。高科技性是具有技术竞争力的中小企业的共通性。部分科技型中小企业可以通过技术创新避免对大型企业的过度依附，进而发展成为中小型规模但技术或软实力强大的企业，并利用在市场中获得的竞争优势实现规模扩张和能力提升。在国内外多个领域，部分科技型中小企业对尖端技术的掌握已经超越了组织架构庞大的跨国企业，成为新兴技术的主导者（李玉潭，2005）。这些科技型中小企业通过对外部知识的有效检索，增加辅助知识的多样性，注重获取技术的机会或信息（Lee and Yoon，2012），从而大幅提升创新成功率。

此类科技型中小企业享有专项技术或特有技术的独占性，往往能够引领或带动该行业技术存在缺口的上下游企业或同质企业，形成小范围的凝聚。因此，这种由科技型中小企业主导的产学研协同创新伙伴关系，通常存在多个主体间的交互，呈现区域内多节点的松散特征。处于关键节点位置的科技型中小企业享有优于其他企业的知识基础，仰仗技术优势呈现出良好的发展态势，促使有需求的伙伴向其靠拢。

（4）竞合关系。面对市场动态变化、不确定性高的竞争环境，很多科技型中小企业的产学研协同创新发生在与同质企业或竞争对手之间，这说明竞争和合作并非完全对立的。企业间这种既竞争又合作的关系被称为"竞合关系"。竞合关系由于同时存在双重关系而存在价值创造和分配的内在矛盾，是竞争与合作的矛盾统一体（Bouncken et al.，2015）。这种伙伴关系超越了过去单纯考虑合作或竞争的方式，要求企业必须动态地配置并管理协同创新中构建的每种伙伴关系（Bengtsson and Raza-Ullah，2016）。

竞合关系是组织间关系研究常用的视角，以强调竞争与合作同时存在并相互影响的客观事实为基础，研究竞争与合作两者在特定场合、特定条件下的相互转化（刘衡等，2009）。不同于大型企业，科技型中小企业市场灵活性强、稳定性较差，容易与同质企业间形成相互依赖、相互比较的竞合关系。科技型中小企业与不同关系链之间的竞合关系还可能会发生某种重叠或交互，形成一种竞合累积效应之外的溢出效果（Pathak et al.，2014）。在市场份额有限、技术独特性不强的现有条件下，怎样在双重身份的转化和互动中保持自身的竞争优势是科技型中小企业关注的核心内容。在这一过程中，企业可能会采取短期的对抗、敌对行为，但也可能为了长远的合作利益而放弃部分利益。与以往单纯强调合作或竞争不同，竞合视角下企业间的协同创新行为更容易导致彼此矛盾和冲突升级，对组织间协调监管提出了较高的要求。同时，保持竞合意识可以帮助科技型中小企业规避协同创新中的潜在风险，正视机遇，直面挑战。

（5）技术购买或转让关系。随着人们知识产权保护意识的加强，技术购买与转让成为科技型中小企业盈利的主要方式之一。通过将不同成熟度的技术资料售出或买进，可以最大限度地帮助科技型中小企业缩短研发周期，快速获得经济效益。常见的方式包括项目承包、提供咨询服务、技术培训、专利付费、合作生产等。技术购买或转让行为通常属于直接交易，包含的协同过程仅限于售后服务和技术支持，对产学研协同创新的作用时间较短、持续效果较差、协同程度较弱。因此，本书主要围绕科技型中小企业联合开发关系、依附关系、技术主导关系、竞合关系的协同创新伙伴关系展开，少量涉及技术购买或转让关系。

3.2　科技型中小企业产学研协同创新伙伴选择的动因

部分学者将企业协同创新的动因强调为协同剩余（姚艳红、夏敦，2013），即创新网络中多个主体通过协同创新所实现的最终收益与各个主体单独创新时产生的收益总和存在差距。随着经济基础的不断发展，科技型中小企业参与协同创新可以分担在发展过程中因创新失败带来的风险，减小创新成本压力，弥补自身的不足，将其参与产学研协同创新伙伴选择的动因分为内生因素与外部环境两方面。科技型中小企业伙伴选择的动因如图 3-4 所示。

3.2.1　科技型中小企业产学研协同创新伙伴选择的内生动力

科技型中小企业产学研协同创新伙伴选择的内生因素主要是企业科技型的特质与中小型的规模两个方面。特质要求其保持对新需求、新技术高度贴合，而规模反映了其自主创新的困境。科技型中小企业产学研协同创新伙伴选择的内生动力主要包括企业资金短缺、创新人才紧缺、抗风险能力差三个方面。

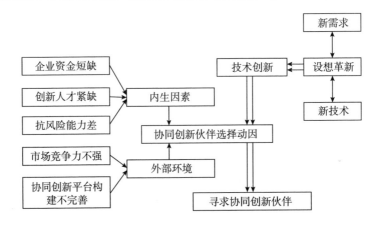

图3-4 科技型中小企业伙伴选择的动因

(1) 企业资金短缺。科技型中小企业融资困境在某种程度上已经成为制约其发展的主要因素。与大型企业相比，科技型中小企业有独特的融资结构（胡振兴、张慧，2014）。在创立初期，科技型中小企业主要通过创始团队的投资得到初期的运营和发展资金。而随着企业逐步成长，在技术或产品的研发上出现新的资金缺口，最主要的融资渠道转化为通过金融机构获取信贷支持。但由于科技型中小企业本身资产规模较小，可用于抵押的固定资产或企业流动资金均不稳定，难以取得中长期贷款，因此企业还款压力大，倒贷资金成本高。即使区域金融政策向科技型中小企业倾斜，仍有部分金融机构因担心企业发展前景而对技术抵押信心不足，从而出现科技型中小企业融资难、融资贵的问题。

由于企业在创建和发展初期将过多的资源和精力投在研发层面上，因此对资金的管理和统筹安排也存在明显的不足。部分企业在项目初期过度开销，使流动资金周转数额越来越小、周转速度越来越慢，甚至个别科技型中小企业由于自身管理团队的失误或决策不善，导致资金链断裂而宣告破产。也正因如此，某些金融机构或商业银行对科技型中小企业借贷业务保持高度警惕，支持意愿低。

科技型中小企业以创新作为发展动力，本身就是一把"双刃剑"。科技型中小企业在企业规模、财产、人才建设方面不如大型企业，但经营灵活，对市场上的竞争态势变化与行业趋向反应更快，学习、适应能力更强。与普通的中小企业相比，科技型中小企业以技术为根基，能够很快在市场立足。但是，创新具有很大的不确定性，这就导致科技型中小企业的发展风险更大。同时，以技术或智力资本作为抵押融资的方式存在难以量化、主观性强的特点，使科技型中小企业也很难从金融机构获得投资。金融机构看重的多为能够立即取得经济效益的企业，这就限制了科技型中小企业的资金来源。部分科技型中小企业遇到不可抗力因素的影响时，只能压缩研发投入，被迫限制企业创新能力的发展。

（2）创新人才紧缺。一方面，在创建初期，科技型中小企业将过多的人力资本投入在技术引进或研发团队上，对企业这一多层次的组织架构理解不够全面，因此往往导致企业技术研发能力强但其他方面相对薄弱，或企业内部各个部门之间职权范围不明确，存在重叠或空白领域，在统一调度和管理上也需要进一步摸索。另一方面，在人才延续上，科技型中小企业往往面临内外交困的状况。由于中小企业发展前景稳定性不高，因此企业内部员工流动性大，而对外又缺乏有效促进创新人才加盟的吸引力。这些困局反映了科技型中小企业人力资源管理方面的欠缺，这也是由外部创新环境所引致的。

自"大众创业，万众创新"被提出以来，外部环境明显好转。我们将不同群体中具有创新意识的人员、团队或组织机构视为创新群体。创新群体的诞生，为创新带来了更大的活力与激情，使创新意识和创新思维逐步加强，为科技型中小企业营造了更好的生存空间和发展基础。与此同时，这一群体涵盖人员范围较广（既包括具有专业知识的科研人员、高校学者，也包括投身科技创新的大学生、热爱实践科学的普通民众），素质参差不齐，对创新的理解不同，因此在创意与产品的实际生产、运营推广方面仍存在明显的人才缺口。此外，劳动力大规模迁往东部地区，使中西部部分地区可能陷入劳动力空洞化的尴尬境地，人才聚集危机逐步显现。创新人才不足、后继乏力，这也是科技型中小企业产学研协同创新伙伴选择的动因之一。

（3）抗风险能力差。创新活动具有不稳定性，必然伴随着风险。科技型中小企业由于规模受限，人才、资金等硬件条件处于劣势，面对创新项目时存在一定的盲目性，一旦风险来临，更显得局促。企业抗风险能力是生存的核心能力。不同于大型企业，科技型中小企业既缺乏完整获取信息的能力，也缺乏抵御风险的成熟经验。科技型中小企业在成长过程中过于重视规模的扩张或技术成熟度，往往忽略对企业风险的管理和控制。尤其在面对不可抗力因素时，中小企业现金流不足、可抵押资产有限，部分企业甚至出现负债扩张的局面。

科技型中小企业对创新活动的重视，使其一旦出现波动或起伏，企业管理者和员工会不计后果地抵御难关，暂时性失去从长远考察的眼光和能力。这也将为科技型中小企业独立承担创新项目带来沉重的压力。

因此，在产学研协同创新中注重伙伴选择，能够有效地帮助科技型中小企业管理者更好地认清自身实力，增强风险防范意识。同时，通过与伙伴组织结构、文化制度的碰撞，进一步完善科技型中小企业的风险管理体系，明确认识到风险管理是一个长期的动态波动过程。企业要学会识别、抵御风险，这样才能有效地构建风险策略，提升抗风险能力。

3.2.2 科技型中小企业产学研协同创新伙伴选择的外生动力

创新活动常表现出开发周期长和投入大的特征，单个企业独立实施创新活动需要承担过高的风险。充分利用社会网络和社会资本，联合供应链上的纵向企业或产学研横向组织共同开展协同创新活动，同样能获得创新收益，还能最大限度降低风险和研发投入（George et al.，2002）。Nahapiet 和 Ghoshal（1998）解释了社会资本广泛存在于个体企业或组织的社会关系网络中，包含实际或潜在的两部分资源总和，并进一步指出，社会资本的逻辑结构可以用社会互动关系来观测。伙伴选择可以帮助企业获得社会资源和维护社会资本网络，通过伙伴间互动获得的社会资本是其创新的重要基础。科技型中小企业产学研协同创新伙伴选择的外生动力主要包括两个方面：市场竞争力不强和协同创新平台构建不完善。

（1）市场竞争力不强。截至 2018 年底，我国中小企业数量已超过 3000 万家，但在科技层面上存在着小而不精、多而不强的状况。科技型中小企业与传统大型企业相比，存在企业竞争优势弱、可持续发展能力差、经营风险高等诸多问题，因此亟须加强科技型中小企业的专业化、精细化、特色化、新颖化。科技型中小企业在诞生之初往往有良好的技术背景，但技术专有性普遍不强，容易产生知识产权纠纷。现代管理者和研发团队都已认识到知识产权的重要性，注重在产品投产和项目研发中保护自主知识产权。在创新活动中避免知识产权风险和保护措施之间的谨慎平衡至关重要（夏阳、顾新，2012）。但事实上知识产权的维权成本较高，促使多数中小企业认为与其投入成本维权，不如开展新的研发项目，始终保持行业领先优势。随着市场竞争的日益激烈和技术市场的逐渐成熟，越来越多的科技型中小企业需要在专业领域之内有一技之长。进行产学研协同创新伙伴选择能够帮助科技型中小企业构建平等的伙伴关系，在销售、研发、运营等诸多环节选择适合自己的优势项目，提升市场竞争力。

（2）协同创新平台构建不完善。建立协同创新平台，将科学理论转化为实际的科技成果，是促进科技型中小企业参与协同创新的主要方式之一。在平台上，企业可以充分享用各种资源，这为企业发展提供了长足便利（武艳君，2015）。目前，协同创新平台构建存在很多问题，严重制约着科技型中小企业的发展。

一方面，协同创新平台上的企业、高校及科研机构间的联系不够紧密：科技型中小企业与高校缺少必要的经验分享与交流，难以在人才培养机制上达成共识，导致高学历的优秀毕业生往往盲目追求高平台的大型企业，而对科技型中小企业了解不足；科研机构向高校及企业的开放有限，产权意识的提高使部分科研机构对技术开放的态度趋于保守；企业与开放式平台之间虽然形成合作，但是在实际操作中对涉及核心技术的各种问题仍持保留态度，缺少必要的联系，不能达到创新平台搭建所预想的效果（Clarke and Varma，1999）。

另一方面，科技型中小企业具有规模小、经营风险大的特点，所以其发展受到了很大的限制。很多企业故步自封、目光短浅，没有把战略目光放在构建自身的开发式创新体系上，只是一味地把精力放在一些短时间内就能获得回报的创新项目上。虽然有的企业具备技术创新的实力，但是由于研发投入过大，在创新活动中畏首畏尾，这也在某种程度上限制了平台作用的充分发挥。

3.3 科技型中小企业产学研协同创新伙伴选择的特征

3.3.1 需求主导性

需求是主体参与产学研协同创新的主要动力，是与创新相关的重要变量，也是进行产学研协同创新伙伴选择的逻辑起点。如图 3-5 所示，需求最初分为内需和外需，即市场和技术两个层面。在经济学上，需求被限定为某特定时期人们有意愿并有能力购买某种商品的数量。60%～80%的重要创新都是受需求拉动而产生与扩张的（武艳君，2015）。需求导向的实质是企业通过逐步解析用户需要，获悉当前技术水平发展阶段和潜在竞争对手信息，并在实践过程中以市场缺口作为主要决策方向。

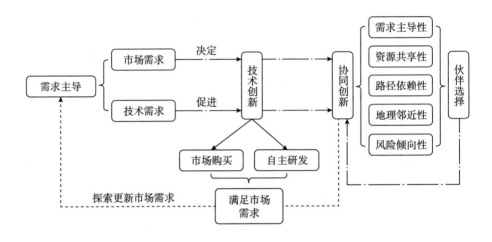

图 3-5　需求主导性对科技型中小企业协同创新的推动作用

科技型中小企业组织架构趋于扁平状，不仅能够使管理者的决策快速准确地传达到企业每一个组织分支，还可以灵活调动企业各项创新资源，快速响应外部市场环境。受企业发展、技术研发和合作关系的不确定性的影响，科技型中小企业组织架构表现出较高的柔性。协同创新各个主体及主体间的连接存在较大的变数，随着关系的不断改变和重构，科技型中小企业的伙伴结构也会发生变化。产学研协同创新伙伴选择过程应当是多方联合、共赢的过程。在内需的引导下，科技型中小企业必然会优先选择在业内具有较强影响力或技术革新能力强的学研方伙伴、龙头企业、产业链上下游企业为优先合作的对象（Greiner，1972）。这类伙伴更有助于企业创造经济价值，其能够为协同创新提供的外部资源与科技型中小企业面临的实际困局相匹配，这成为促进彼此紧密结合的动力。由需求主导推动的协同创新伙伴选择往往更为迫切，需求方在伙伴关系中也更容易对合作谈判作出妥协。

　　协同创新建立在以需求为导向的基础上，可以有效地优化配置创新资源，针对客户需求、市场信息等相关信息，决定未来协同创新成果的产出方向。需求主导促使企业在创新研发项目的资源投入、协同过程和成果产出三个环节中不断地将内需和外需作为考量方法，预判项目是否可以在激烈的市场环境中获得竞争优势，如图 3-6 所示。

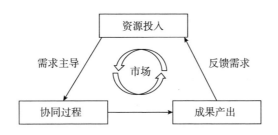

图 3-6　产学研协同创新中需求导向的作用

3.3.2　资源共享性

资源是协同创新的基础条件，部分学者认为，正是由于其具有明显的稀缺效应，才促使创新主体对其他伙伴产生依赖，达成合作意向（刘兰剑，2010；黄伟强、庄新田，2012）。协同创新的实质是要将伙伴间互补性资源或异质性资源进行共享，并形成持续的竞争优势。通过对伙伴间创新资源的共享，能够加快技术研发的步伐。

资源共享性促使伙伴选择更注重在相似或相近的技术领域内具有互补效应的知识技术或硬件设施。通过产学研协同创新，科技型中小企业可与高校、科研院所、上下游企业及同质企业建立联系，突破原有的制度或组织边界，进而实现对全部资源储备的调用和共享。共享并非单纯的传递与分享，其涉及的层面较为复杂。产学研协同创新伙伴选择会影响资源共享的深度和广度，尤其是对于创新资源有限的科技型中小企业而言。不匹配的伙伴关系会造成资源浪费，甚至会因彼此资源冗余而低估或忽略伙伴的资源价值。然而，过于开放的资源共享也会带来一些潜在风险，如在知识产权保护、最终利益分配等方面。

3.3.3　路径依赖性

路径依赖性是指在技术演进或制度变迁中，主体具有与惯性相似的自我强化能力，会对无论是好还是坏的某一固定路径形成记忆，从而产生依赖（尹贻梅等，2012）。在产学研协同创新研究中，针对路径依赖特性的探讨不在少数（何丽君，2014）。这意味着，对于伙伴选择而言，是否有过先前的合作经历或经验指导是一项重要的参考指标。传统大型企业由于自身发展较为成熟，对协同创新路径已有明确的参考，形成了自身伙伴选择的基础。而科技型中小企业由于生命历程较短，尽管可能有关系强度较高的合作对象，但是在伙伴选择中仍处于初始尝试阶段，对伙伴关系的探索也属于试探性。良好的技术或学术背景，使科技型中小企业自身创始人、管理层、研发团队等均与业内其他组织或机构有密切联系。当面临协同创新伙伴选择时，先前的经验或教训自然成为锁定伙伴的考量之一。

伙伴选择仅仅是发展稳定协同创新伙伴关系的首要步骤，其后还需要双方长期的磨合和沟通交流。与曾有过合作经验的伙伴进行协同，能够使双方对彼此有更明确的认知。先前的合作经验在新的契机激活下，可能成为催化彼此关系的重要因素。创新本质上是一项具有不确定性、不稳定性的技术活动，最终结果未知。一旦企业做出选择，随着资源、时间、精力的不断投入，对伙伴也将产生更明显的依赖，依赖时间过长、沉没成本越多，对决策的影响越大。因此，在伙伴选择中要警惕某些路径的作用，及时纠偏，注重伙伴间的正向反馈，避免由于盲目自信而产生认知凝滞，最大程度地减少错误的惯性依赖。

3.3.4 地理邻近性

自 19 世纪末以来，区域经济对企业的影响就已经进入学术界的关注范围。由于各个地区的要素禀赋条件不同、消费分布不同、市场运营不同，在相同区域内选择能够为伙伴关系的构建提供相似的背景基础，同时有助于各主体间相互交流，降低信息成本，减少语言或文字误差带来的不确定性。此外，各个地区对产业的扶持政策也存在差异，利用所在地区的优势可以充分享受政府的优惠政策，降低创新成本，提高资源配置效率。尽管现有研究也提到地理邻近性对企业协同创新的贡献已经随信息时代的到来而减弱，但是其对科技型中小企业而言优势还是显而易见的。

科技型中小企业伙伴选择既是企业开展协同创新、共同研发的必然选择，也是受企业或其他主体合作行为影响而可能发生改变的连接结构。随着研发项目的推进，企业的边界会发生改变，伙伴的数量和规模会逐步扩展，强弱关系也会发生变化,整个区域系统始终处于一个动态演化的过程中:创新失败会导致竞争力薄弱的企业逐步退出或被淘汰;创新成功会吸引新的企业不断加盟,甚至推动科技型中小企业的孵化进程,进而逐步优胜劣汰,形成一个区域范围内良性运作的机制。中小企业在孕育发展的过程中对区域政策的依赖要远大于大型企业,地理邻近性能够使其充分享受外部环境带来的便利性,对企业的快速成长有极大的促进作用。

3.3.5　风险倾向性

关于管理者在企业中影响方面的研究,一直受到理论界的广泛关注。管理者在科技型中小企业中的影响尤为明显。对于科技型中小企业产学研协同创新而言,在伙伴选择的关键环节,管理者的人脉背景、自身素质、风险倾向都对其有明显的影响。企业管理者是企业市场行为的决策者,往往是最能引起关注的个体。科技型中小企业的管理者是企业开展创新活动或决策行动的实施人,其主要决策行为就是识别开发新产品的机会。但由于管理者自身的风险倾向不同,对项目评估或伙伴选择的关键因素识别也存在明显的差异。个体能力强的管理者可以更好地为科技型中小企业做好提前部署,并及时根据市场环境调节创新的目标和机动性,以应对不确定的挑战,使企业获得良好的发展前景。因此,多数科技型中小企业管理者会有意识地提高自身能力,包括创新能力、风险控制能力、社会资本运用能力等有助于企业平稳成长或快速发展的能力。

在企业创新实践中,任何决策都存在一定的风险。协同创新中企业管理者的风险态度决定了企业在协同调配中将付出多少资源和技术用于创新的实际行为。通常来说,管理者对科技型中小企业发展方向和具体决策承担风险,因此其个人的风险态度对企业决策有明显的决定性。优秀的企业管理者通常具有较高的风险偏好(孙丽华,2017),这使企业能够在发现商机的同时牢牢把握住市场机遇。创新研究项目的高投入、高风险往往也会伴随着高回报。科技型中小企业对市场的反应普遍更加敏感,一旦错失机遇,就有可能因同类竞争企业的技术飞跃而面临更加严峻的形势。因此,伙伴选择的风险倾向性在一定程度上决定了企业管理决策的魄力,以及是否能为企业赢得更多的成长机会。同时,由于管理者的综合能力和临场发挥的不确定性,过于极端的倾向性也可能给企业带来致命打击。

根据现有的战略导向理论研究,科技型中小企业由于自身规模较小,在面临潜在的市场机遇和研发机会时，通常愿意承担更多的风险和创新活动的不确定性。多数学者认为，科技型中小企业风险偏好程度越高，对企业在市场上站稳脚跟越有利。同时，风险偏好型的管理者也有助于科技型中小企业尽快发挥能动性，积极鼓励内外部人员参与协同创新过程，并更积极有效地调配创新资源，用于企业与学研方伙伴、企业伙伴的产学研协同创新活动，以确保企业能够平稳发展。

3.4 科技型中小企业产学研协同创新伙伴选择理论框架的构建

科技型中小企业的组织灵活性和接近市场的优势，使其具有巨大的创新潜力。然而，创新还需要企业结合诸多多样化和专业化的技术。协同创新过程的特点是跨越企业边界，这表明企业不仅依赖内部创新能力，还利用外部伙伴资源来推进创新过程。更具体地说，科技型中小企业与其他协同创新主体建立伙伴关系，在信任和密集交流的氛围中合作，以便在有限的时间内实现互利的创新目标。Hollanders 和 Es-Sadki（2017）的一份报告显示，有 49% 的中小企业通过与其他伙伴合作进行创新。我国也出台了激励政策或措施促使中小企业协同创新。这使中小企业能够与其他伙伴集中创新资源，共担创新发展过程中固有的风险和共享利益，并获取不同伙伴提供的外部补充知识。

伙伴选择本质上是涉及多种有形或无形评价标准的多目标决策问题。如图 3-7 所示，本书根据科技型中小企业产学研协同创新伙伴选择的内涵、动因和特征形成基本理论框架，构建决策模型。科技型中小企业在发展中受到内生因素和外生因素的双重影响，促使其与学研方伙伴、企业伙伴协同创新。根据双方协同创新伙伴选择的特征，提出伙伴匹配的基本条件，最终形成技术购买或转让关系、联合开发关系、依附关系、技术主导和竞合关系等各类伙伴关系。

通过对以往文献和研究的总结归纳可以发现，科技型中小企业产学研协同创新受到多方面因素的影响，如区域政策、市场环境等外部因素和伙伴关系、吸收学习能力、组织架构等内部因素。其中，伙伴选择作为协同创新的第一步可能会引发多种潜在问题：其一，科技型中小企业伙伴选择的动因影响伙伴类型的选择，不同的协同创新主体具有不同的知识基础和学习能力，科技型中小企业与上下游企业、同质企业、高校院所、科研机构彼此形成的伙伴关系存在明显差异，不能一概而论；其二，盲目追求资源互补性而不考虑协同创新伙伴差异性，不仅会增加知识和技术泄露的风险，还会因伙伴间的目标差异、组织差异、行业差异等增加协同创新管理成本，从而降低协同创新对科技型中小企业成长的促进作用，甚至造成协同创新伙伴关系的破裂；其三，如果伙伴选择过程中缺乏科学、系统的选择方法，那么科技型中小企业在创新方面将面临较大的挑战，这些挑战不仅包括资源的稀缺性、学科领域的复杂性、最新科技成果的获取途径方面，还包括企业组织的结构特性方面（Abouzeedan et al.，2013）。这就意味着中小企业管理者自身的风险态度对科技型中小企业伙伴选择有重要影响。综合考虑管理者的风险态度和不同类型伙伴的差异性，是伙伴选择的基础。

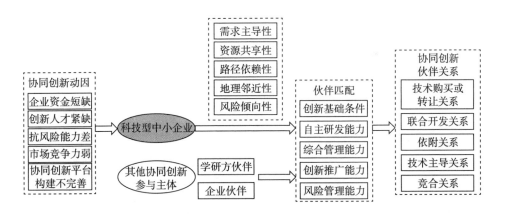

图 3-7　科技型中小企业产学研协同创新伙伴选择的决策模型

由此可见，科技型中小企业伙伴选择对协同创新有显著影响。针对这一系列问题，本书首先围绕科技型中小企业常见的产学研协同创新伙伴类型展开研究，将其分为学研方伙伴和企业伙伴两类，详细分析各伙伴类型的不同特性，采用演化博弈和多智能体仿真等方法探讨促进科技型中小企业产学研协同创新稳定发展的管理启示，具体如图 3-8 所示。

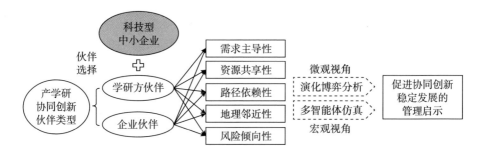

图3-8　科技型中小企业产学研伙伴选择对协同创新的影响途径

在上述基础上，提出结合产学研协同创新特征、科技型中小企业组织结构特点的伙伴选择评价方法，构建理论研究框架（见图3-9）。研究主要从三个方面入手，即分析探讨科技型中小企业产学研协同创新伙伴选择的个体因素、群体效应，以及如何选择与自身相匹配的创新伙伴，并探讨依靠产学研协同创新推动科技型中小企业群体发展壮大的有效途径。

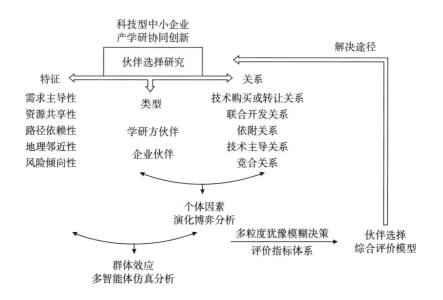

图3-9　科技型中小企业产学研协同创新伙伴选择的理论框架

3.5　本章小结

  本章在梳理已有文献的基础上对科技型中小企业产学研协同创新伙伴的概念进行了界定，对科技型中小企业产学研协同创新伙伴关系及伙伴选择特征进行了分析和阐述。结合科技型中小企业的组织特点，厘清了协同创新伙伴选择的五方面特征，即需求主导性、资源共享性、路径依赖性、地理邻近性和风险倾向性；将伙伴关系分为双方实力相当的联合开发关系，既可以联合开发又能够独当一面的竞合关系，强弱不均形成的技术主导关系、依附关系，技术购买或转让关系；阐述了科技型中小企业产学研协同创新伙伴选择的动力以及动力要素之间的因果关系。最后，通过构建理论框架，明确核心研究思路，为后续研究提供支持。

第4章 科技型中小企业产学研协同创新伙伴选择的演化博弈分析

科技型中小企业的诞生往往依托学研机构或其他企业的科研团队，围绕以技术为基础的创新产品和服务进行技术攻关或成果转化。然而，由于目标和驱动因素不同，要充分发挥这种协同作用的潜力，必须克服各种障碍。由前述章节可知，科技型中小企业协同创新伙伴主要分为以产学研为典型代表的学研方和上下游或同质企业两大类型。本章通过分别探讨科技型中小企业与这两类伙伴协同创新构成的伙伴关系，构建多方参与的演化博弈模型，进一步综合分析科技型中小企业产学研协同创新伙伴选择的影响因素，为第5章协同创新伙伴选择的仿真分析奠定基础。

4.1 科技型中小企业产学研协同创新伙伴选择演化博弈的特点

根据前述章节分析可将科技型中小企业产学研协同创新伙伴归纳为以产学研为典型代表的学研方伙伴和企业伙伴两大类。前者为创新需求、组织结构差异性较大，创新资源互补性较强的合作伙伴；后者为创新目标、组织结构、创新资源有一定相似性的伙伴。本章通过对两种伙伴类型的细分，分别探讨科技型中小企业与学研方伙伴、企业伙伴协同创新演化博弈的特点，研究探讨创新需求、组织结构、创新资源异同对产学研协同创新稳定性的影响。

4.1.1　科技型中小企业与学研方伙伴协同创新演化博弈的特点

协同创新的本质是一种跨组织进行资源交换的合作关系。科技型中小企业与学研方伙伴协同创新，不仅可以共享高校院所或科研机构现有的知识、信息、技术、人才等方面优势，还可以结合企业对市场的敏感程度更有效地调动创新资源，灵活运用专利出售、技术买卖等多种形式实现技术商业化、产业化的对接，或通过建立创新创业基地、技术孵化项目等方式带动学研方与企业紧密合作。与科技型中小企业不同，学研方是从事探索性、科学性研究的组织机构，是推动落实创新驱动发展战略、建设创新型国家的中坚力量。产学研结合是协同创新的一种重要模式，是基于企业和学研方的优势，实现要素最佳整合的过程。在这种模式下，学研方的创新能力、学术水平和综合实力都得到了最大程度的发挥，能够充分利用学研方的基础设施，推动创新成果落地，完善创新人才培育方案。

科技型中小企业与学研方伙伴协同创新不仅有利于高校或科研机构通过出售专利、技术转让等方式实现科研成果落地，还有助于推动高校人才"走出去"，通过现有的技术手段、实验条件或科研成果，进一步实现自身价值，创建科技型中小企业。科技型中小企业与学研方伙伴协同创新的益处主要有三个方面：一是能充分共享较强的科研基础和技术研发实力。高等学校、科研机构作为学术资源聚集地，拥有良好的基础实验条件，在知识的前沿性方面有很好的延展，能助力技术外延的深度和广度扩展。通常研究型高校院所和科研机构对当地经济发展或区域创新有明确的推动性，在具有区域优势的特定产品、产业或核心技术、关键环节上有一定的研究基础，更专注于专业技术的突破。学研方伙伴的专业优势能助力科技型中小企业在短期内捕捉到当地的政策激励或区域发展方向，推动企业在良好的外部环境下明确发展目标。二是组织间交流互动能更好地促进人力资源质量的提升。对于科技型中小企业而言，由于自身规模较小，研发团队较为薄弱，因此对技术人才的需求较旺盛，但能给付的科研奖励、薪酬等相比于大型企业而言非常有限。寻找符合自身发展方向的高阶段人才，是科技型中小企业发展过程中的主要诉求。通过与学研方的密切合作，科技型中小企业能够在适合的领域内快速发掘人才。由于高校院所和科研机构具有人才培养的基本职能，每年培育的专业技术人才都会进入特定的工作领域，因此与学研方伙伴合作有助于科技中小企业在协同创新过程中积累人力资本，为人才交流寻找适合的平台。三是对区域经济转型、区域竞争力提升有明显的促进作用。科技型中小企业与学研方的对接，能够显著提升区域竞争能力和创新能力，强化技术交流和知识互动。学研方在协同创新中的重要目的是通过发挥学研方在人才、技术等方面的优势，帮助企业提升创新能力，实现科技成果转化。学研方与科技型中小企业的合作，可以使学研方对企业的需求有更深的理解和认识，从而明确自身的研究方向，更好地为企业或区域经济发展提供服务和支持。此外，学研方能够在技术选择或研发方向方面把关，引导科技型中小企业科学决策，避免其极端冒进造成的创新方向偏离。科技型中小企业与学研方伙伴协同创新模式如图4-1所示。

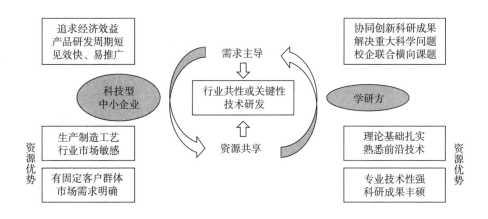

图4-1 科技型中小企业与学研方伙伴协同创新模式

科技型中小企业与学研方两者不同的组织制度等也会带来相应的弊端。一方面，学研方与科技型中小企业属于两种类型的组织，学研方对技术的前沿性和基础理论的研究比较深入，但对技术的实际应用与产品化、商品化经验缺乏。高校或科研机构在技术上显著的领先性使其在协同过程处于技术主导地位，与创新伙伴间的关系多属于依附型、技术购买或转让型，少数情况下属于联合开发关系，且联合开发关系仅限于在某项新技术产业化过程中，由企业配合完成投产前的实验试制等环节。这使得科技型中小企业与学研方形成明显的依附关系，不利于企业发挥自身的市场优势。同时，由于学研方研究条件充裕，技术人员配备全面，实验试制条件先进，与大型企业有较稳定的合作研发伙伴关系，因此与科技型中小企业合作的需求并不显著。与大型企业相比，科技型中小企业在协同创新中所能提供的创新资源有限，学研方与其合作的初始动机相对薄弱。此外，学研方本身不涉及经营推广等市场营销行为，技术产品化过程中的市场敏感性不强，因此可能存在因认知不同导致的技术外泄风险。

尽管产学研协同创新已经有了多年的经验，但是仍存在一些导致协同效率不高的问题，其中比较明显的是产学研协同创新的可持续性差和科研成果转化率不高。马文聪等（2018）认为，伙伴双方目标文化差异导致的伙伴错配限制了各方发挥资源能力的协同效应。由于双方的组织架构不同、性质不同、制度不同、环境氛围不同，即使双方的主观意愿趋同，仍会存在一定的分歧。双方在协同创新过程中可能存在不同步或不匹配的问题，对同一事物的认知难以协调，当双方感知到这一问题，并由此产生负面的情绪时，会造成一定的冲突。伙伴间稳定的信任关系是在长期的磨合中形成的，是不断地重复对关系承诺、关系体验、关系行为，以及关系结果验证的过程。一旦伙伴间认知产生了错位，随时可能会激起不公平感，增加潜在风险，打破原有的和谐稳定。

近年来，作为教育主体的高校和科研机构不再局限于单纯地培养人才和开展学术研究，而是努力推动高精尖技术产业化，随之诞生了很多依托于高校或科研机构的科技型中小企业。这类企业与学研机构的连接普遍较为紧密，能够充分享用学研机构的现有配置，并且真正地将企业的社会资源、高校院所的教学科研工作与实际的生产相结合，进一步培养人才，形成良性、长久、稳定的协同创新模式。

此外，由于科技型中小企业规模有限，通常创新需求涵盖时间需求，对某项技术的研发周期或某项产品的推广过程有明确的时间限制，而高校或科研机构以学院派为主，追求技术的精益求精。事实上，科技型中小企业与学研方的协同创新主要倾向于对现有技术的改造或学研方伙伴已经具备良好科研基础的项目，在此基础上进一步有目标地进行应用研究、开发设计或生产工艺流程等方面的创新，以便尽快完成科研成果的营销推广等。由于彼此目标和驱动因素不同，要充分发挥这种联盟的潜力，必须克服多重障碍。促进高等学校与科技型中小企业协同创新的主要因素包括彼此因协同创新行为而得到的收益、付出的成本以及在一定监管下的奖惩行为，甚至涉及政府导向下协调和监督方面的因素（Mindruta，2013；Kafouros et al.，2015）。在多方协同创新的过程中，由于决策顺序不同，决策发生的时间和条件迥异，因此在政府导向下构成了多方创新资源共享、创新利益分配和创新风险共担的动态博弈（苏妮娜等，2020a）。

4.1.2 科技型中小企业与企业伙伴协同创新演化博弈的特点

根据相关数据，我国每年拥有较为重大的科技创新研究成果超过 20000 余项，重大专利超过 5000 余项，然而科技成果转化率不足 5%。这说明相比于发达国家，我国现有创新成果与实际落地生产存在很大的差距。这主要是由创新过程背离了市场需求所导致的。科技型中小企业与企业伙伴协同创新的参与主体均为企业，相互之间不可避免存在一定的摩擦和争执，而以需求为导向，坚持以企业发展为核心，可以最大程度地减少双方或多方分歧，促进在协同创新的最终目标上尽快达成共识，避免不必要的损耗。

从参与的主体而言，与企业伙伴协同创新的主体包括主导企业、参与企业、科技中介等。处于引导地位的科技中小企业要同时扮演技术创造者和科技转化者的双重角色，肩负技术供给、创新资源调配、项目决策和利益分配等任务，并在协同创新过程中承担主要风险。以中介机构、金融服务机构及其他组织作为辅助科技型中小企业产学研协同创新的主体，能有效保障资源互补性，为合理调配创新资源提供相应的服务，如交易担保、风险投资等。图 4-2 为科技型中小企业与企业伙伴技术共享的主要表现形式。

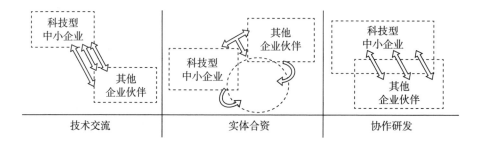

图 4-2 科技型中小企业与企业伙伴技术共享的主要表现形式

由图 4-2 可以看出，科技型中小企业与其他企业伙伴技术共享的主要表现形式有三种：彼此间通过简单交流形成资源初级流动的技术交流活动，双方各取所长的实体合资经营模式，以及各个阶段密切同步互动的协作研发行为。科技型中小企业应根据自身需求和能力，量力而行，避免盲目追求资产或资源的最大化。传统大型企业资本雄厚，对研发成果的重视程度远高于对项目周期、市场对接程度，而科技型中小企业由于受到自身规模限制，其创新过程当中的每项决策都需要保证一定的时效性。因此，科技型中小企业协同创新的特点包括以下四点：

（1）需求导向更明显。这是由科技型中小企业本质所决定的，也是其最大特点。市场需求是营销理论中研究的起点，在学术界受到广泛重视。由于中小企业组织架构灵活性较强，企业具备接近市场、了解客户需求等方面的显著优势，能够及时应对当前市场变化，对潜在需求进行一定的预测，从而提出更符合市场预期的产品或服务。伙伴双方的组织结构相似、创新目标相近，使参与创新的多个企业都能够积极参与市场互动，充分理解市场意图。

（2）对资源缺口更加了解。科技型中小企业组织结构简单、技术人员配比清晰，不仅对自身的技术情况和技术需求有明确的掌握，而且市场定位准确，了解自身的资源缺口，可以清楚地根据自身需求对伙伴提出期望，最大程度地明确合作需求和合作目标。科技型中小企业与企业伙伴协同创新要求决策必须建立在对当前技术发展水平、竞争对手、客户需求、市场环境等方面充分调研分析的基础上，再协调各个要素与资源集中用于创新重点和项目。

（3）科技型中小企业处于主导地位有利于组织的灵活性。科技型中小企业体量小、机动性强，将其置于协同创新主导地位，能够使其更好地与其他大型机构或多个创新主体相协调，不仅具有手续简便、调度灵活的特征，还能够保持对市场的敏感性，及时对外部环境的变化做出积极的调整。

（4）组织学习能力发挥突出作用。由于企业间组织架构和先天性资源不同，企业自身能力体系的构建不同，因此组织学习能力的匹配性是科技型中小企业合作的关键，能力错配则是关系冲突的主要原因。企业伙伴的协同创新更应关注技术共享中技术外化、吸收的能力，以提高创新效率。基于以上理论分析，本书构建科技型中小企业与学研方伙伴协同创新的博弈模型和与企业伙伴协同创新的博弈模型，进一步分析具体潜在因素对促进双方协同创新的影响。

4.2　科技型中小企业与学研方伙伴协同创新的演化博弈模型

4.2.1　协同创新博弈参与主体分析

（1）科技型中小企业。作为创新的技术需求方，受自身规模、技术研发能力等客观条件制约，在政策监管或激励下，科技型中小企业向以学研方为代表的外部资源寻求技术援助或实验应用，最终完善产品，投入市场并谋取利润。企业以营利为目的，对市场有敏锐的观察力和较高的熟悉度，能够较准确地把握创新研发的方向，与学研方协同创新有利于突破某一领域内的关键技术，充分扩充自身知识储备。科技型中小企业具备较强的营销能力和应变能力，能有效利用知识产权促进科技成果转化。

（2）学研方。作为创新的技术供给方，学研方具有人才聚集、实验设施完善等优势，所掌握的先进技术或研发条件较为优越。与科技型中小企业协同创新，能够更好地将科研成果转化为实际效益，为自身或社会培养符合实际需求的高科技人才。通过共建技术实验室和人才培养基地等，促进科技成果落地，提升产业化水平。

（3）政府。政府在协同创新过程中扮演着中介和监管的双重角色：一方面，通过政策导向或激励，促进企业与学研方建立良好的协同关系，以维持双方协同创新稳定发展的局面；另一方面，监管双方在协同过程中是否存在创新风险转嫁行为或投机行为，监督协同创新双方对于创新资源的投入及知识产权划分是否合理。政府要真正起到监管与激励的双重作用。

4.2.2 基本假设与模型构建

（1）模型基本假设。在实际情况中，参与协同创新的主体受自身学科背景、专业领域的局限，不具备符合理性人假设的条件。创新本质是复杂的、具有不确定性的创造活动。主体对自身创新能力及需求的认知存在局限性，所假定的备选方案预期策略和实际结果也未必相同。因此，主体表现出有限理性的特征，并以自身心理预期或主观感受为参照点做出决策。本部分提出模型的基本假设如下：

假设4-1：博弈参与主体（科技型中小企业、学研方和政府）在决策时都不可能准确无误地进行完整的信息获取、分析和使用，是非完全理性的，同时决策目标以自身利益最大化为出发点，具有有限理性。

假设4-2：由于协同创新具有不确定性、主体间信息不完全，博弈参与主体的风险偏好也具有不确定性，无法按照期望效用理论进行估计，其策略选择并非基于直接损益，而是基于自身主观感受对策略价值做出决策（陈福集、黄亚驹，2017）。

假设 4-3：参与主体彼此之间是两两博弈的基本情形。

（2）参数假设。假定政府主体选择"激励"策略的概率为 x，选择"不激励"策略的概率为 $1-x$；科技型中小企业主体选择"协同创新"策略的概率为 y，选择"自主创新"策略的概率为 $1-y$；学研方主体选择"协同创新"策略的概率为 z，选择"自主创新"策略的概率为 $1-z$。

假设科技型中小企业、学研方在选择"自主创新"策略下获得的正常收益分别为 b_1、b_2，因协同创新资源引进、消化吸收伙伴技术而获得的收益分别为 d_1、d_2，因技术进步或知识扩充取得的潜在收益分别为 e_1、e_2；在支付矩阵中令 R_1、R_2 分别代表参与主体因技术共享而获得的总收益（即为实际收益与潜在收益的总和），其中若只有一方群体选择"协同创新"策略而另一方选择"自主创新"策略，则获得的收益分别为 R'_1 和 R'_2，协同创新得到政府财政支持时参与主体所获得的收益分别为 r_1、r_2；在协同创新过程中参与创新的主体会因技术共享等行为产生技术外泄风险，分别为 l_1、l_2，所付出的协同创新成本分别为 c_1、c_2；在支付矩阵中令 C_1、C_2 分别代表参与主体的总付出（即为成本与风险的总和），科技型中小企业、学研方若选择"自主创新"策略，在政府激励条件下，获得的额外支出惩罚分别为 f_1、f_2；政府因企业、学研方两个群体协同创新而提高社会创新能力所获得的收益为 w_1，政府因科技型中小企业、学研方一方创新而提高社会创新能力所获得的收益为 w_2；选择"激励"策略所付出的成本为 c_0；政府激励作用下达成协同创新时政府的收益为 u_1，未达成协同创新时政府收益为 u_2。

（3）多方演化博弈模型。在多方演化博弈模型的构建中，政府、科技型中小企业、学研方的收益矩阵如表 4-1、表 4-2 所示。

表 4-1　科技型中小企业和学研方两方收益矩阵

博弈参与主体		科技型中小企业	
		协同创新(y)	自主创新($1-y$)
学研方	协同创新(z)	$(b_1+R_1+r_1-C_1,\ b_2+R_2+r_2-C_2,\ w_1+u_1-c_0)$	$(b_1-f_1,\ b_2+R'_2+r_2-C_2,\ w_2+u_2-c_0)$
	自主创新($1-z$)	$(b_1+R'_1+r_1-C_1,\ b_2-f_2,\ w_2+u_2-c_0)$	$(b_1-f_1,\ b_2-f_2,\ -c_0)$

表4-2　政府、科技型中小企业和学研方三方收益矩阵

博弈参与主体			政府	
			激励（x）	不激励（$1-x$）
科技型中小企业	协同创新（y）	学研方	协同创新（z）	$(b_1+R_1+r_1-C_1,\ b_2+R_2+r_2-C_2,\ w_1+u_1-c_0)$	$(b_1+R_1-C_1,\ b_2+R_2-C_2,\ w_1)$
		学研方	自主创新（$1-z$）	$(b_1+R'_1+r_1-C_1,\ b_2-f_2,\ w_2+u_2-c_0)$	$(b_1+R'_2-C_1,\ b_2,\ w_2)$
	自主创新（$1-y$）	学研方	协同创新（z）	$(b_1-f_1,\ b_2+R'_2+r_2-C_2,\ w_2+u_2-c_0)$	$(b_1,\ b_2+R'_2-C_2,\ w_2)$
		学研方	自主创新（$1-z$）	$(b_1-f_1,\ b_2-f_2,\ -c_0)$	$(b_1,\ b_2,\ 0)$

　　三方均以协同创新共享模式作为演化的核心，试图达成创新资源有效整合与共享、缩减创新成本的初衷。因此，在资源共享过程中，对于政府、共享群体都存在一个平衡公式，即在一定时间内政府选择"激励"策略，科技型中小企业、学研方选择"协同创新"策略，付出的成本（C）和所获得的利益（R）满足以下条件：

$$E_i(R) \geqslant E_i(C) \tag{4-1}$$

　　由此可知，政府采取"激励"策略而科技型中小企业、学研方伙伴选择"协同创新"策略的必要条件为：

$$\begin{cases} w_1-c_0 \geqslant 0 \\ b_1+R_1+r_1-C_1 \geqslant b_1 \\ b_2+R_2+r_2-C_2 \geqslant b_2 \end{cases} \tag{4-2}$$

　　（4）模型求解与分析。假设学研方伙伴在选择"协同创新"与"自主创新"策略时的收益期望分别为 a_{11} 和 a_{12}，其平均收益期望为 $\bar{a}_1$，根据多方博弈收益矩阵可知：

$$\begin{aligned} a_{11} = &\ y[x(b_2+R_2+r_2-C_2)+(1-x)(b_2+R_2-C_2)]+(1-y) \\ &\ [x(b_2+R'_2+r_2-C_2)-(1-x)(b_2+R'_2-C_2)] \end{aligned} \tag{4-3}$$

$$a_{12} = y[x(b_2-f_2)+(1-x)b_2]+(1-y)[x(b_2-f_2)-(1-x)b_2] \tag{4-4}$$

$$\bar{a}_1 = ya_{31}+(1-y)a_{32} \tag{4-5}$$

假设科技型中小企业在选择"协同创新"与"自主创新"策略时的收益期望分别为 a_{31} 和 a_{32}，其平均收益期望为 $\bar{a}_3$，根据多方博弈收益矩阵可得：

$$a_{31}=z[x(b_1+R_1+r_1-C_1)+(1-x)(b_1+R_1-C_1)]+(1-z)$$
$$[x(b_1+R'_1+r_1-C_1)-(1-x)(b_1+R'_2-C_1)] \tag{4-6}$$

$$a_{32}=z[xw_1(b_1-f_1)+(1-x)b_1]+(1-z)[x(b_1-f_1)-(1-x)b_1] \tag{4-7}$$

$$\bar{a}_3=ya_{31}+(1-y)a_{32} \tag{4-8}$$

根据上述三方收益的计算结果以及演化博弈复制动态方程的基本原理，可得科技型中小企业和学研方主体的复制动态方程。

科技型中小企业主体的复制动态方程为：

$$F(y)=\frac{dy}{dt}=y(a_{31}-\bar{a}_3)=y(1-y)(a_{31}-a_{32})$$
$$=y(1-y)\{x[f_1+r_1+(1-z)(R'_1-R'_2)]+R'_2-C_1+z(R_1-R'_2)\} \tag{4-9}$$

学研方主体的复制动态方程为：

$$F(z)=\frac{dz}{dt}=z(a_{11}-\bar{a}_1)=z(1-z)(a_{11}-a_{12})$$
$$=z(1-z)[x(f_2+r_2)+yR_2+(1-y)R'_2-C_2] \tag{4-10}$$

计算后可得到博弈矩阵的 5 个局部均衡点。其中，$(0,0)$、$(0,1)$、$(1,0)$ 和 $(1,1)$ 为 4 个纯策略均衡点，P^* 的坐标为 $\left[\dfrac{C_1-x(f_1+r_1+R'_1)-(1-x)R'_2}{R_1-(1-x)R'_2-xR'_1},\right.$ $\left.\dfrac{C_2-x(f_2+r_2)-R'_2}{R_2-R'_2}\right]$，其为混合策略均衡点。因此，政府选择"激励"策略的概率 $x=1$ 时，可得到系统动态演化博弈的混合策略均衡点 P^* 的坐标为 $\left[\dfrac{C_1-f_1-r_1-R'_1}{R_1-R'_1},\dfrac{C_2-f_2-r_2-R'_2}{R_2-R'_2}\right]$。

政府、科技型中小企业和学研方之间博弈关系的构建过程实质是三者相互影响的过程，各个行为主体并非完全独立，相互之间存在一定的影响，任何一方的策略选择将影响其他两方的策略，实际上更接近于多方博弈。研究三方或多方博弈行为通常采用拟定一方策略、完善其余两方博弈策略演化的模式。科技型中小企业产学研协同创新主要涉及科技型中小企业与学研方伙伴之间的互动，因而在考虑一方策略已知的情形下，即政府选择"激励"或"不激励"两种策略时，分析企业和学研方之间的博弈策略选择。

情形 1：政府选择"激励"的策略。

假定政府选择"激励"策略，政府选择"激励"策略的概率 $x=1$，代入科技型中小企业和学研方的复制动态方程，则学研方的复制动态方程为：

$$F(z)=\frac{dz}{dt}=z(1-z)\left[f_2+r_2+yR_2+(1-y)R'_2-C_2\right] \tag{4-11}$$

对式（4-11）求导可得：

$$\frac{dF(z)}{dz}=(1-2z)\left[f_2+r_2+yR_2+(1-y)R'_2-C_2\right] \tag{4-12}$$

根据复制动态方程和微分方程的稳定性定理，令 $F(z)=0$ 可求得稳定状态点分别为：$z^*=0$，$z^*=1$ 和 $y^*=\dfrac{f_2+r_2+R'_2-C_2}{R'_2-R_2}$。

科技型中小企业的复制动态方程为：

$$F(y)=\frac{dy}{dt}=y(1-y)\left[z(R_1-R'_1)+f_1+r_1+R'_1-C_1\right] \tag{4-13}$$

对式（4-13）求导可得：

$$\frac{dF(y)}{dy}=(1-2y)\left[z(R_1-R'_1)+f_1+r_1+R'_1-C_1\right] \tag{4-14}$$

根据复制动态方程和微分方程的稳定性定理，令 $F(y)=0$ 可求得稳定状态点分别为：$y^*=0$，$y^*=1$ 和 $z^*=\dfrac{f_1+r_1+R'_1-C_1}{R'_1-R_1}$。

在动态演化博弈系统中，局部渐进的稳定策略称之为演化均衡，对于两个参与主体、两方策略的演化博弈模型，演化均衡可以等价于进化稳定策略。因此，只需求得上述复制动态方程的渐进稳定点，即可得到科技型中小企业和学研方协同创新的进化稳定策略。根据上式可得 5 个博弈矩阵的局部均衡点，分别为 $(0, 0)$、$(0, 1)$、$(1, 0)$、$(1, 1)$ 和 (y^*, z^*)。其中，$(0, 0)$、$(0, 1)$、$(1, 0)$、$(1, 1)$ 为 4 个纯策略均衡点，(y^*, z^*) 为混合策略均衡点。

雅可比矩阵为：

$$J=\begin{bmatrix} \dfrac{\partial\left(\dfrac{dy}{dt}\right)}{\partial y} & \dfrac{\partial\left(\dfrac{dy}{dt}\right)}{\partial z} \\[4mm] \dfrac{\partial\left(\dfrac{dz}{dt}\right)}{\partial y} & \dfrac{\partial\left(\dfrac{dz}{dt}\right)}{\partial z} \end{bmatrix} \tag{4-15}$$

由此可得雅可比矩阵行列式和轨迹的值分别为：

$$
\begin{aligned}
\det J &= \frac{\partial F(y)}{\partial y} \cdot \frac{\partial F(z)}{\partial z} - \frac{\partial F(y)}{\partial z} \cdot \frac{\partial F(z)}{\partial y} \\
&= (1-2z)\left[f_2+r_2+yR_2+(1-y)R'_2-C_2\right](1-2y)\left[z(R_1-R'_1)+f_1+r_1+R'_1-C_1\right]- \\
&\quad z(1-z)(R_2-R'_2)y(1-y)(R_1-R'_1)
\end{aligned}
\tag{4-16}
$$

$$
\begin{aligned}
\operatorname{Tr} J &= \frac{\partial F(y)}{\partial y} + \frac{\partial F(z)}{\partial z} \\
&= (1-2z)\left[f_2+r_2+yR_2+(1-y)R'_2-C_2\right]+(1-2y)\left[z(R_1-R'_1)+f_1+r_1+R'_1-C_1\right]
\end{aligned}
\tag{4-17}
$$

均衡点的稳定性判断原则为：

$$
\begin{cases}
\operatorname{Tr} J < 0 \\
\det J > 0
\end{cases}
\tag{4-18}
$$

政府选择"激励"策略，能够有效激发科技型中小企业和学研方的创新热情，推动协同创新，促进科技成果转化。但当政府激励力度不够或宣传不到位时，科技型中小企业和学研方协同创新的热情受到打击，经济收益损失主要体现在技术共享程度不高、科技创新成果转化后推广难方面。科技型中小企业和学研方在缺乏政策引导下自发进行协同创新，不仅要加大投入力度，提高协同创新成本，还面临创新热情受创的局面，最终将导致收益小于投入成本，因此从长远利益来看，$f_1+r_1+R_1-C_1>0$、$f_2+r_2+R_2-C_2>0$ 成立。将局部均衡点和混合策略均衡点代入雅可比矩阵中进行稳定性分析，当 $f_2+r_2+R'_2-C_2<0$ 且 $f_1+r_1+R'_1-C_1<0$ 时，分析结果如表 4-3 所示。

表 4-3　激励情形下博弈系统局部稳定性分析

均衡点	det J	符号	Tr J	符号	稳定性
O(0, 0)	$(f_2+r_2+R'_2-C_2)(f_1+r_1+R'_1-C_1)$	+	$f_2+r_2+R'_2-C_2+f_1+r_1+R'_1-C_1$	−	稳定
A(0, 1)	$-(f_2+r_2+R'_2-C_2)(f_1+r_1+R_1-C_1)$	+	$(f_1+r_1+R_1-C_1)-(f_2+r_2+R'_2-C_2)$	+	不稳定
B(1, 0)	$-(f_2+r_2+R_2-C_2)(f_1+r_1+R'_1-C_1)$	+	$(f_2+r_2+R_2-C_2)-(f_1+r_1+R'_1-C_1)$	+	不稳定
C(1, 1)	$(f_2+r_2+R_2-C_2)(f_1+r_1+R_1-C_1)$	+	$(f_2+r_2+R_2-C_2)+(f_1+r_1+R_1-C_1)$	−	稳定
P(y^*, z^*)	M	−	0		鞍点

注：$M=-\dfrac{(f_1+r_1+R_1-C_1)(f_2+r_2+R_2-C_2)(f_1+r_1+R'_1-C_1)(f_2+r_2+R'_2-C_2)}{(R_1-R'_1)(R_2-R'_2)}$。

情形 2：政府选择"不激励"的策略。

假定政府采取"不激励"策略，则 $x=0$，代入科技型中小企业和学研方的复制动态方程，则学研方的复制动态方程为：

$$F_1(z)=\frac{dz}{dt}=z(1-z)\left[yR_2+(1-y)R'_2-C_2\right] \tag{4-19}$$

根据复制动态方程和微分方程的稳定性定理，令 $F(z)=0$ 可求解得到稳定状态点分别为：$z_1^*=0$，$z_1^*=1$ 和 $y_1^*=\dfrac{C_2-R'_2}{R_2-R'_2}$。

科技型中小企业的复制动态方程为：

$$F_1(y)=\frac{dy}{dt}=y(1-y)\left[R'_2-C_1+z(R_1-R'_2)\right] \tag{4-20}$$

根据复制动态方程和微分方程的稳定性定理，令 $F(y)=0$ 可求解得到稳定状态点分别为：$y_1^*=0$，$y_1^*=1$ 和 $z_1^*=\dfrac{C_1-R'_2}{R_1-R'_2}$。

同理可得在政府选择"不激励"情形下博弈矩阵的 5 个局部均衡点，分别为 $(0，0)$、$(0，1)$、$(1，0)$、$(1，1)$ 和 $(y_1^*，z_1^*)$。其中，$(0，0)$、$(0，1)$、$(1，0)$、$(1，1)$ 为 4 个纯策略均衡点，$(y_1^*，z_1^*)$ 点为混合策略均衡点。雅可比矩阵 J_1 的计算方法参照式（4-15），可得行列式和轨迹的值分别为：

$$\begin{aligned}\det. J_1&=\frac{\partial F(y)}{\partial y}\cdot\frac{\partial F(z)}{\partial z}-\frac{\partial F(y)}{\partial z}\cdot\frac{\partial F(z)}{\partial y}\\&=(1-2z)\left[yR_2+(1-y)R'_2-C_2\right](1-2y)\left[z(R_1-R'_2)+R'_2-C_1\right]-\\&\quad z(1-z)(R_1-R'_2)y(1-y)(R_2-R'_2)\end{aligned} \tag{4-21}$$

$$\begin{aligned}\mathrm{Tr}. J_1&=\frac{\partial F(y)}{\partial y}+\frac{\partial F(z)}{\partial z}\\&=(1-2z)\left[yR_2+(1-y)R'_2-C_2\right]+(1-2y)\left[z(R_1-R'_2)+R'_2-C_1\right]\end{aligned} \tag{4-22}$$

从长远利益分析，政府激励下科技型中小企业和学研方协同创新所获得的收益高于所投入的成本，因此 $R_1-C_1>0$、$R_2-C_2>0$ 成立。当 $R'_2-C_1<0$、$R'_2-C_2<0$ 时，将局部均衡点和混合策略均衡点代入雅可比矩阵中进行稳定性分析，结果如表 4-4 所示。

表 4-4 不激励情形下博弈系统局部稳定性分析

均衡点	det. J_1	符号	Tr. J_1	符号	稳定性
$O_1(0, 0)$	$(R'_2-C_2)(R'_2-C_1)$	+	$(2R'_2-c_1-c_2)$	−	稳定
$A_1(0, 1)$	$-(R'_2-C_2)(R_1-C_1)$	+	$-R'_2+C_2+R_1-C_1$	+	不稳定
$B_1(1, 0)$	$-(R_2-C_2)(R'_2-C_1)$	+	$R_2-C_2-R'_2+C_1$	+	不稳定
$C_1(1, 1)$	$(R_2-C_2)(R_1-C_1)$	+	$-R_2+C_2-R_1+C_1$	−	稳定
$P_1(y^*, z^*)$	M_1	−	0		鞍点

注：$M_1 = -\dfrac{(R_1-C_1)(R_2-C_2)(R'_2-C_1)(R'_2-C_2)}{(R_1-R'_2)(R_2-R'_2)}$。

4.2.3 演化博弈分析

在政府激励下，科技型中小企业与学研方伙伴的动态博弈演化相位图如图 4-3 所示。

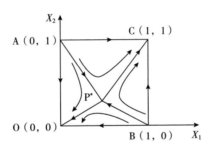

图 4-3 科技型中小企业与学研方伙伴演化博弈相位图

由图 4-3 可知，A、P^*、B 三点构成博弈系统策略选择的分界。当政府选择"激励"策略且科技型中小企业与学研方博弈的初始状态落在 AP^*BC 区域时，博弈的最终结果将趋近于双方协同创新的策略组合；当科技型中小企业与学研方博弈的初始状态落在 AP^*BO 区域时，博弈的最终结果将趋近于双方各自自主创新的策略组合。根据初始假设及三方收益矩阵可知，鼓励科技型中小企业与学研方双方协同创新所得收益将高于双方各自自主创新的策略组合。因此，促使双方协同创新，应使鞍点 P^* 向右或向下移动，增大 AP^*BC 区域的面积，增加双方积极协同创新的概率，反之则会导致科技型中小企业与学研方自主创新的概率提高。

分析图4-3可以发现，科技型中小企业与学研方伙伴的博弈演化趋势相一致，P^*的移动方向受初始参数的影响。当R_1、R_2、r_1、r_2、f_1、f_2单个参数增大时，P^*点向右下方移动，促使科技型中小企业与学研方伙伴向协同创新策略靠拢；反之，当单个参数减小时，P^*点向左上方移动，AP^*BC区域的面积减小，科技型中小企业与学研方自主创新的概率增大。C_1、C_2分别为在协同创新过程中双方所付出的包含技术外泄风险的总成本，当协同创新风险l_1、l_2与协同创新成本C_1、C_2单个参数增加时，P^*点向左上方移动，促使科技型中小企业与学研方双方向各自自主创新策略靠拢；反之，P^*点向右下方移动，AP^*BC区域的面积增大，企业与学研方协同创新的概率增大。结合科技型中小企业与学研方伙伴协同创新博弈的特点，将演化博弈的结果分两方面讨论，即外部环境政策引导的促进作用和主体风险倾向性对协同创新的影响。

（1）政策引导对科技型中小企业与学研方伙伴协同创新的促进作用。通过构建政府选择"激励"策略的概率x、科技型中小企业选择"协同创新"策略的概率y和学研方选择"协同创新"策略的概率z的三维坐标，可以得到图4-4。如图4-4所示，随着x从0到1的演化，均衡策略点P的坐标值逐渐减小。在一定范围内，政府应适当加大激励力度，使科技型中小企业和学研方只需要有一个小小的初始意图，就可以实现双方选择"协同创新"策略，从而实现三方的互利共赢。此外，策略均衡点的移动是线性的，证明了该模型是符合预期和有效的。

通过模拟可以看出，曲线收敛速度与科技型中小企业和学研方选择"协同创新"策略的概率初值有关。初始值越大，协同创新状态越稳定，系统演化越快。在实践中，科技型中小企业与学研方协同创新，无论是订单式培训、校内校外实训基地建设还是实习模式，其目的大多是解决学生的实习实践问题，或是科技型中小企业向学研方采购技术。许多协同创新行为流于形式，缺乏实质性内容，真正意义上的深层次协同创新很少，协同创新过程中也容易发生因单方面退出导致协同创新中止的情况。这是因为科技型中小企业与学研方组织结构不同。企业对创新的收益着眼于经济基础，而学研方更多地关注社会效益层面。同时，人力资源配置市场化逐步成熟，不参与协同创新的科技型中小企业仍然可以从市场上招聘所需人才，甚至高薪聘请其他机构的专业技术人员，导致部分企业参与协同创新的积极性不高。要想真正实现学研方与科技型

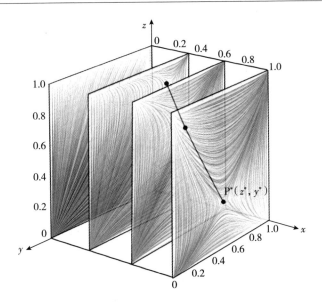

图 4-4 多方参与博弈演化计算仿真图像

中小企业的深度融合，除了需要政府的短期引导，还需要长效政策支持。政府应加大对产学研协同创新的引导，推动科技型中小企业与学研方增强创新资源互补的协同创新意愿，并在此基础上有效监管双方协同创新行为，从根本上杜绝投机行为，增大双方违反协同创新契约的成本，降低协同风险，推动科技型中小企业与学研方成为长期稳定、制度化的利益共同体。

（2）科技型中小企业风险倾向性对产学研协同创新博弈行为的影响。前景理论的本质是心理感知效用，建立在博弈参与主体的自身主观感知与实际损益存在偏差的基础上。前景理论对演化博弈有修正作用。当博弈参与主体对实际损益具有清晰的认识、不存在感知偏差时，前景理论并不会对其产生影响。科技型中小企业与学研方伙伴在政策不激励、选择"自主创新"策略时，实质性损益与期望效用理论相符，不存在感知偏差。而协同创新过程具有不确定性，参与主体对损益不能完全客观地估计，存在感知偏差。

当科技型中小企业与学研方选择"协同创新"策略时，存在因协同创新技术共享导致的技术外泄风险，科技型中小企业发生技术外泄造成损失 l_1 的概率为 p_1，学研方有概率 p_2 造成损失 l_2，可得协同创新的双方技术共享风险成本 L_1、L_2：$L_1 = \pi(p_1)V(l_1) + \pi(1-p_1)V(0)$，$L_2 = \pi(p_2)V(l_2) + \pi(1-p_2)V(0)$。若双方注重知识产权和技术保护，风险不曾发生，则实际损失为 0，于是有

$L_1 = \pi(p_1)V(l_1)$ 和 $L_2 = \pi(p_2)V(l_2)$。

同理，当科技型中小企业与学研方选择"协同创新"策略时，科技型中小企业与学研方能够获得直接收益 d_1、d_2，而科技型中小企业在技术吸收、内化过程中有概率 p_3 获得协同创新的潜在收益 e_1，学研方有概率 p_4 获得潜在收益 e_2，则 $E_1 = \pi(p_3)V(e_1)$，$E_2 = \pi(p_4)V(e_2)$。

据前景理论可知，科技型中小企业与学研方在博弈策略选择时具有确定效应、反射效应和损失效应，由此可得到如下分析：

第一，鉴于创新活动具有不确定性，科技型中小企业与学研方协同创新过程中存在易导致创新失败的阻碍或风险，如在实际运作中双方之间客观存在的价值观、合作目标、利益分配等冲突，而参与主体在选择协同创新策略前，通常会对风险发生的可能性估计过高，即 $\pi(p_1) > p_1$，$\pi(p_2) > p_2$。同时，在考虑确定性的直接投入 c_1、c_2 与概率性的风险损失 l_1、l_2 时，参与主体倾向于高估风险损失，即 $V(l_1) \geqslant l_1$，$V(l_2) \geqslant l_2$。因此，有 $L_1 = \pi(p_1)V(l_1) > p_1 l_1$，$L_2 = \pi(p_2)V(l_2) > p_2 l_2$。

第二，科技型中小企业与学研方各有所长，学研方具有较好的实验条件和优秀的人才储备，而科技型中小企业掌握较明确的市场信息及产品运作方式，两者相互结合能够提高科技成果转化率或促使科研目标更符合市场需求。由于双方优势互补，在技术与知识交流过程中存在势差，因此会产生对技术和知识结构的碰撞，除合作带来的直接收益外，也会因知识整合、技术共享带来潜在收益，而在考虑确定性的直接收益 d_1、d_2 与概率性的潜在收益 e_1、e_2 时，参与主体通常低估潜在收益发生的概率，即 $\pi(p_3) \leqslant p_3$，$\pi(p_4) \leqslant p_4$。知识与技术扩散是影响潜在收益的主要因素，其产生作用是一种无形的渐进过程，不仅表现在明确的知识产权上，还体现在组织架构、技术氛围等方面，通常参与主体会低估潜在收益的实际效果，即 $V(e_1) < e_1$，$V(e_2) < e_2$。因此，有 $E_1 = \pi(p_3)V(e_1) < p_3 e_1$，$E_2 = \pi(p_4)V(e_2) < p_4 e_2$。

第三，在博弈策略选择时，前景理论表明参与主体对损益发生的偏好有明显差异，对损失发生的概率更敏感。科技型中小企业与学研方在决策初期对创新风险的防备心理较强、对潜在收益的估计不足，因此需要在政府激励的情形下，提升选择协同创新策略的概率。当科技型中小企业与学研方协同创新过程中存在一方积极程度不佳时，另一方受前景理论确定效应的影响，在面对不创新所得的稳定收益与创新投入成本后可能失败的风险之间，倾向于选择稳定保守的不创新策略。对于有限理性的参与主体而言，协同创新是风险偏好决策，当需要付出的创新成本大于利益时，决策者会选择风险规避策略，宁可放弃直接收益也要避免承担创新的不确定性，最终导致博弈策略选择收敛于点（0，0）。而当双方协同创新程度势均力敌时，这种效应的影响就会减弱，双方的得失与风险比例相当，同时采取协同创新策略的可能性也会增加。在动态演化博弈过程中，尽管双方根据自身意愿选择博弈策略，但是在个别情形下博弈成员选择策略时存在时滞效应，意愿较弱时需要较长的决策周期才能达到纳什均衡，政府政策在考虑创新激励力度时应根据具体情况考虑时滞因素。

4.3 科技型中小企业与企业伙伴协同创新的演化博弈模型

4.3.1 协同创新博弈参与主体分析

科技型中小企业与企业伙伴协同创新是指由一家或多家有一定基础的企业，以市场需求为导向，主动寻求与其他企业的联合创新。通常科技型中小企业能够在中介机构或政策引导与激励的大环境下完成与企业伙伴的创新资源整合，进一步协调创新活动的相关配置。其中，科技型中小企业既可以作为创新的技术需求方，也可以作为供给方，甚至在协同过程中存在两者之间的角色转化。由于双方组织结构具有一定的相似性，创新目标也相近，彼此均能以营利为目标较为准确地把握研究方向，更多的需求集中于对技术的交流和资源配置方面。在这一过程中，各成员间存在着持续的技术和资源交流与共享，双方的交互行为会对成员协同创新策略选择产生影响（苏妮娜等，2020b）。企业间的博弈更倾向于组织各个部门间的相互协调、配合工作，更侧重于企业间对技术、组织文化、其他潜在隐性知识的吸收利用率，倾向于企业间资本的整合能力和控制能力。

选择策略的不确定性会影响科技型中小企业协同创新活动的稳定性。鉴于此，研究技术共享下协同创新稳定性的动态演化过程有助于有效提升创新成果转化率，对帮助和支持科技型中小企业健康成长与发展、形成良好的创新环境有重要的现实意义。本部分基于演化博弈理论，以科技型中小企业为研究对象，探讨有限理性条件下技术共享对协同创新的影响，并通过数值仿真分析策略演化趋势，为促进协同创新联盟稳定发展、形成良好的创新氛围提出合理建议。

4.3.2 基本假设与模型构建

（1）模型基本假设。企业主体在创新项目立项时，会基于专业领域对其进行评估。受决策者知识局限性和信息不完全性的影响，企业对创新的需求往往只探寻最满意解，而非最优解。双方企业在交流融合过程中，知识和技术不断碰撞和重组，为彼此带来新的理念和机遇，同时会对外部环境产生影响。但由于环境影响在策略选择中有明显的滞后效应，因此模型不考虑外部环境的作用。本部分提出模型的基本假设如下：

假设4-4：博弈参与主体是非完全理性的。任何行为主体在决策时受到自身限制，不能准确无误地进行完整的信息获取、分析和使用，同时行为主体决策目标是以利益最大化为出发点，因而具有有限理性的特征。

假设4-5：不考虑外部环境对企业创新联盟的影响，即该区域在一定程度上是封闭的，技术共享行为、创新资源和知识流动主要在系统内进行，外部技术扩散和知识溢出效应不会对企业产生影响。

（2）参数假设。假设科技型中小企业协同创新中的博弈成员为企业 A_i（$i=1$，2）：企业 A_1 选择"协同创新"策略的概率为 x，则选择"自主创新"策略的概率为 $1-x$；企业 A_2 选择"协同创新"策略的概率为 y，则选择"自主创新"策略的概率为 $1-y$。

演化博弈中的参数含义及计算方法如下：企业 A_i（$i=1$，2）在选择协同创新前的收益为 π_i（$i=1$，2）；企业产生的直接效益定义为企业选择协同创新策略时利用双方技术共享而获得的收益（经济效益和技术革新）。影响这部分收益的因素主要包括：一是伙伴的相关技术储备 R_i（$i=1$，2）。相关技术储备是指各伙伴相关技术的拥有量，协同创新伙伴的相关技术覆盖范围越广或技术含金量越高，其他伙伴所能获得的共享效益越多。二是技术外化程度系数 α_i（$i=1$，2）。技术外化程度系数受企业对自身优势技术推广方式和应用指导的影响，是指技术作为无形资产在传播过程中由主体能力、经验决定的技术表述。三是技术融合程度系数 λ_i（$i=1$，2）。由于企业伙伴技术水平参差不齐，引入技术融合程度系数，衡量不同技术之间相互融合、渗透程度的量化指标。四是

技术内化吸收系数 $\beta_i (i=1, 2)$。技术内化吸收系数体现了对其他合作伙伴的技术进行吸收学习并为己所用的能力，这种能力可直接提高自身的效益。五是协同创新伙伴间技术重叠系数 δ。技术重叠系数是指各伙伴掌握的技术重合比例，重叠比例越高说明伙伴之间的技术在专业领域内越相近，相互间的借鉴吸收效果越差。综上所述，科技型中小企业 A_1 和企业 A_2 建立协同创新所带来的直接收益 W_{1i} 可表示为：

$$W_{1i} = \alpha_i \lambda_i \beta_j R_i (1-\delta) \tag{4-23}$$

其中，$i=1, 2$；$j=1, 2$；且 $i \neq j$。协同创新中科技型中小企业在进行合作时，企业技术人员之间通过共同探讨使技术不断得到改进，进而形成了技术创新成果，创新成果的衡量标准是通过技术创新产生系数 m 体现。由于科技型中小企业 A_1 和企业 A_2 存在一定的技术重叠，因此科技型中小企业 A_1 和企业 A_2 均选择协同创新时产生的效益 W_2 可表示为：

$$W_2 = m(1-\delta)(R_1 + R_2) \tag{4-24}$$

当协同创新中有一方伙伴选择"自主创新"策略时，假设 m_i（$i=1, 2$）表示自主创新时产生新技术的概率，则自主创新的企业收益 W_{3i} 可表示为：

$$W_{3i} = m_i R_i \tag{4-25}$$

此外，由于技术共享过程中存在溢出效应，该效应不仅会对自主创新的科技型中小企业产生影响，自主创新的伙伴也可能通过他人有意识或无意识的技术共享行为得到一定的溢出收益，溢出收益用 $E_i (i=1, 2)$ 表示，E_i 小于选择合作策略的企业收益 W_{3i}，即 $E_i < W_{3i}$。

在科技型中小企业协同创新伙伴关系形成的过程中，各企业存在投入成本，其中包含了经济投入和人力损耗等，因此采用 C 表示协同创新的建设成本，γ 表示科技型中小企业 A_1 的成本分担系数。对于协同创新企业而言，企业之间存在一定的竞争关系，合作的前提是共同获得协同剩余，依靠相应的激励措施可以促进企业伙伴间关系稳定。对于企业的付出，政府可以给予一定的激励，可通过激励系数 b 表示。因此，科技型中小企业 A_1 所付出的成本 W_4 和企业 A_2 所付出的成本 W_5 分别为：

$$W_4 = (1-b)\gamma C \tag{4-26}$$

$$W_5 = (1-b)(1-\gamma)C \tag{4-27}$$

（3）演化博弈模型。根据基本假设和企业收益的计算方法可得科技型中小企业 A_1 与企业 A_2 的博弈演化支付矩阵内容如表 4-5 所示。

表4-5 科技型中小企业 A_1 与企业 A_2 博弈演化支付矩阵内容

科技型中小企业 A_1	企业 A_2	
	协同创新(y)	自主创新($1-y$)
协同创新(x)	$\pi_1+W_{12}+\gamma W_2-W_4$, $\pi_2+W_{11}+(1-\gamma)W_2-W_5$	$\pi_1+W_{31}-W_4$, π_2+E_2
自主创新($1-x$)	π_1+E_1 , $\pi_2+W_{32}-W_5$	π_1 , π_2

（4）模型求解与分析。假设科技型中小企业 A_1 在选取"协同创新"和"自主创新"两种策略时的收益期望分别为 U_{11} 和 U_{12}，可得 U_{11} 和 U_{12} 的表达式分别为：

$$U_{11}=y(\pi_1+W_{12}+\gamma W_2-W_4)+(1-y)(\pi_1+W_{31}-W_4) \tag{4-28}$$

$$U_{12}=y(\pi_1+E_1)+(1-y)\pi_1 \tag{4-29}$$

通过式（4-28）和式（4-29）可得科技型中小企业 A_1 的平均期望收益 $\overline{U}_1$，如式（4-30）所示。x 为 t 时刻采用"协同创新"策略的概率，x 随时间 t 的变化速率也是衡量"协同创新"策略的重要指标，该变化速率即为复制动态方程 $F(x)$，Taylor 和 Jonker（1978）、吴克晴和冯兴来（2020）中博弈演化的复制动态方程计算方法如式（4-31）所示。

$$\overline{U}_1=U_{11}x+(1-x)U_{12} \tag{4-30}$$

$$F(x)=\frac{dx}{dt}=x(U_{11}-\overline{U}_1) \tag{4-31}$$

结合式（4-28）至式（4-31）可得科技型中小企业 A_1 收益的复制动态方程如下：

$$F(x)=x(1-x)\left[y(W_{12}+\gamma W_2-W_4-E_1)+(1-y)(W_{31}-W_4)\right] \tag{4-32}$$

当 $F(x)=0$ 时，可得科技型中小企业 A_1 收益的稳定状态点为 $x_1^*=0$，$x_2^*=1$，$y^*=\dfrac{W_4-W_{31}}{W_{12}+\gamma W_2-E_1-W_{31}}$。根据式（4-32），求 $F(x)$ 关于 x 的一阶导数，可得科技型中小企业 A_1 收益的动态演化速度为：

$$F'(x)=(1-2x)\left[y(W_{12}+\gamma W_2-W_4-E_1)+(1-y)(W_{31}-W_4)\right] \tag{4-33}$$

假设科技型中小企业 A_2 在选取"协同创新"和"自主创新"两种策略时的收益期望分别为 U_{21} 和 U_{22}，则 U_{21} 和 U_{22} 的表达式分别为：

$$U_{21}=x\left[\pi_2+W_{11}+(1-\gamma)W_2-W_5\right]+(1-x)(\pi_2+W_{32}-W_5) \tag{4-34}$$

$$U_{22}=x(\pi_2+E_2)+(1-x)\pi_2 \tag{4-35}$$

通过式（4-34）和式（4-35）可得科技型中小企业 A_1 的平均期望收益 $\overline{U}_1$，如式（4-36）所示。同理，根据式（4-31）计算原理并结合式（4-34）至式（4-36），可得科技型中小企业 A_1 收益的复制动态方程如式（4-37）所示。

$$\overline{U}_2 = U_{21}y + (1-y)U_{22} \qquad (4-36)$$

$$F(y) = \frac{dy}{dt} = y(U_{21} - \overline{U}_2) = y(1-y)[x(W_{11} + (1-\gamma)W_2 - W_5 - E_2) + (1-x)(W_{32} - W_5)] \qquad (4-37)$$

当 $F(y) = 0$ 时，可得企业伙伴 A_2 收益的稳定状态点为 $y_1^* = 0$，$y_2^* = 1$，

$$x^* = \frac{W_5 - W_{32}}{W_{11} + (1-\gamma)W_2 - E_2 - W_{32}}$$。结合式（4-34）至式（4-37），求 $F(y)$ 关于 y 的一阶导数，可得科技型中小企业 A_2 收益的动态演化速度为：

$$F'(y) = (1-2y)[x(W_{11} + (1-\gamma)W_2 - W_5 - E_2) + (1-x)(W_{32} - W_5)] \qquad (4-38)$$

综上可知，科技型中小企业 A_1 与企业 A_2 协同创新演化博弈的 4 个纯策略均衡点分别为 $(0, 0)$、$(0, 1)$、$(1, 0)$ 和 $(1, 1)$，混合策略均衡点 $P^*(x^*, y^*)$ 的坐标为 $\left[\dfrac{W_5 - W_{32}}{W_{11} + (1-\gamma)W_2 - E_2 - W_{32}}, \dfrac{W_4 - W_{31}}{W_{12} + \gamma W_2 - E_1 - W_{31}}\right]$。

4.3.3　演化博弈分析

通过访谈调研，在收集相关资料和经验数据的基础上，确定参数选取范围。研究围绕协同创新联盟中建设成本为 $C \in [100, 300]$ 的科技型中小企业展开，科技型中小企业 A_1 和企业伙伴 A_2 的技术储备 $R_i \in [100, 200]$，企业成本分担系数 $\gamma \in [0.3, 0.7]$，技术外化程度系数 $\alpha_i \in [0.2, 0.8]$，技术融合程度系数 $\lambda_i \in [0.3, 0.7]$，技术内化吸收系数 $\beta_i \in [0.3, 0.7]$；协同创新伙伴所具备的技术重叠系数 $\delta \in [0.1, 0.3]$；技术创新产生系数 $m \in [0.6, 1.0]$，企业自主创新时产生新技术的概率 m_i 应小于 m，取 $m_i \in [0.2, 0.5]$，且自主创新时得到溢出收益 $E_i \in [20, 50]$；政府所给予的协同创新激励系数 $b \in [0.1, 0.4]$。根据上述参数的取值范围，在博弈演化中选取参数：$C = 150$，$\gamma = 0.6$；$R_1 = 130$，$R_2 = 130$；$\alpha_1 = 0.5$，$\alpha_2 = 0.6$；$\lambda_1 = 0.6$，$\lambda_2 = 0.6$；$\beta_1 = 0.4$，$\beta_2 = 0.6$；$\delta = 0.2$；$m_1 = 0.45$，$m_2 = 0.3$；$m = 0.7$；$b = 0.3$；$E_1 = 40$，$E_2 = 25$。企业选择"协同创新"策略的概率 x 和 y 的取值范围均为 $(0, 1)$，

计算出的混合策略均衡点 P^*（x^*，y^*）的坐标为（0.3255，0.5937），其动态博弈演化相位图如图4-5所示。

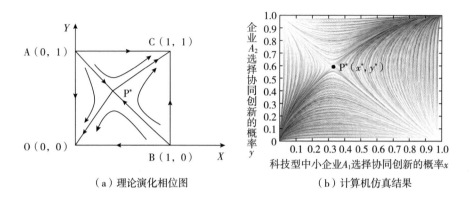

（a）理论演化相位图　　　　　　　　（b）计算机仿真结果

图4-5　科技型中小企业与企业伙伴演化博弈相位图及仿真结果

由图4-5可知，A、P^*、B三点构成博弈系统策略选择的分界。当企业博弈的初始状态落在 AP^*BC 区域时，博弈的最终结果将趋近于双方协同创新的策略组合；当博弈的初始状态落在 AP^*BO 区域时，博弈的最终结果将趋近于双方自主创新的策略组合。根据初始假设及收益矩阵，企业间协同创新所产生的收益高于不协同创新的收益。因此，为促使双方积极协同创新，应使鞍点 P^* 向右或向下移动，增大 AP^*BC 区域的面积，增加双方选择协同创新的概率。反之，若鞍点 P^* 向左或向上移动，则企业选择不协同创新策略的概率增大，不利于协同创新的稳定。

对比图4-5中的两个子图可以看出，P^* 的移动方向受初始参数的影响。当 m_1、m_2、m、b、α_i、λ_i、β_j 单个参数增大时，P^* 点向右下方移动，促使企业伙伴向协同创新策略靠拢；反之，当单个参数减少时，P^* 点向左上方移动，AP^*BC 区域的面积减小，自主创新策略的概率增大。协同创新过程中付出的成本 C 对均衡策略点 P^* 有影响，当付出的成本 C 增加时，P^* 点向左上方移动，AP^*BC 区域的面积减小；反之，P^* 点向右下方移动，协同创新策略的概率增大。

（1）不同创新激励初始值时影响因素分析。选择不同创新的概率初值 x 和 y，依据式(4-31)式和式(4-37)可得出企业主体的复制动态方程的变化趋势。图4-6显示了企业 A_2 分别选择创新概率初值 $y_0 = 0.2$ 和 $y_0 = 0.4$、科技型中小

企业 A_1 创新概率 $x_0 \in (0-1)$ 时，科技型中小企业 A_1 和企业 A_2 选择协同创新的演化趋势。从图中可以看出，当 $y_0 = 0.2$，$x_0 \geq 0.8$ 时，博弈演化策略点为（1，1）；当 $x_0 < 0.8$ 时，博弈演化策略点为（0，0）。当 $y_0 = 0.4$，$x_0 \geq 0.6$ 时，博弈演化策略均衡点为（1，1）；当 $x_0 < 0.6$ 时，博弈演化策略点为（0，0）。

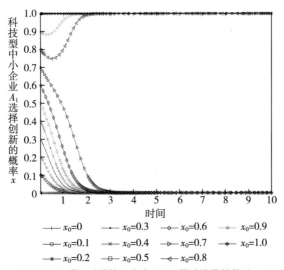

（a）不同初值x_0时科技型中小企业A_1策略演化趋势（y_0=0.2）

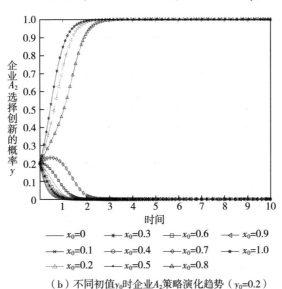

（b）不同初值y_0时企业A_2策略演化趋势（y_0=0.2）

图 4-6　不同初值时企业策略演化趋势（$y_0 = 0.2$，$y_0 = 0.4$）

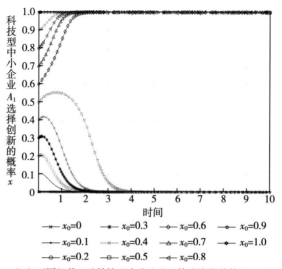

（c）不同初值x_0时科技型中小企业A_1策略演化趋势（$y_0=0.4$）

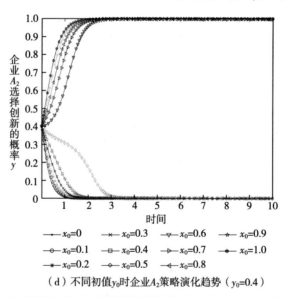

（d）不同初值y_0时企业A_2策略演化趋势（$y_0=0.4$）

图4-6　不同初值时企业策略演化趋势（$y_0=0.2$，$y_0=0.4$）（续）

　　图4-7显示了企业A_2选择创新概率的初值$y_0=0.6$和$y_0=0.8$、科技型中小企业A_1创新概率$x_0 \in (0-1)$时，科技型中小企业A_1和企业A_2选择协同创新概率的演化趋势。从图中可以看出，当$y_0=0.6$，$x_0 \geq 0.3$时，博弈演化策略点为（1，1）；当$x_0<0.3$时，博弈演化策略点为（0，0）。当$y_0=0.8$，$x_0 \geq 0.2$时，博弈演化策略点为（1，1）；当$x_0<0.2$时，博弈演化策略点为（0，0）。

对比图 4-6（a）、图 4-6（c）、图 4-7（a）、图 4-7（c）可以看出，在初始概率 y_0 分别为 0.2、0.4、0.6 和 0.8 时，科技型中小企业 A_1 策略演化趋于协同创新的初始概率分别为 0.8、0.6、0.3 和 0.2。因此，提高企业创新的初始概率更容易使联盟达到协同创新的稳定状态。对比图 4-6（b）、图 4-6（d）、图 4-7（b）、图 4-7（d）可以看出，增大创新的初始概率时协同创新

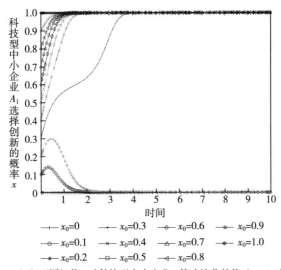

（a）不同初值x_0时科技型中小企业A_1策略演化趋势（y_0=0.6）

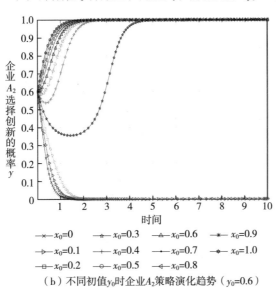

（b）不同初值y_0时企业A_2策略演化趋势（y_0=0.6）

图 4-7　不同初值时企业策略演化趋势（$y_0=0.6$，$y_0=0.8$）

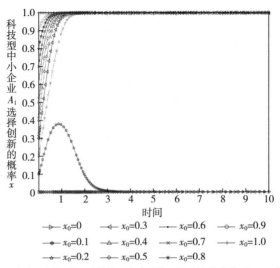

（c）不同初值x_0时科技型中小企业A_1策略演化趋势（y_0=0.8）

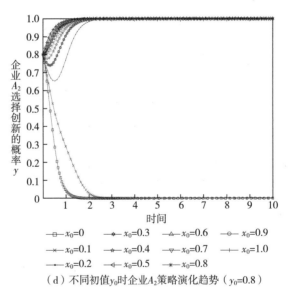

（d）不同初值y_0时企业A_2策略演化趋势（y_0=0.8）

图4-7　不同初值时企业策略演化趋势（y_0=0.6，y_0=0.8）（续）

伙伴关系将以更快的速度进化到稳定状态。如图4-7（c）所示，x_0=0.1时，科技型中小企业A_1协同创新的概率先增大后减小，最终随时间的推移科技型中小企业A_1的策略选择为自主创新。

（2）科技型中小企业协同创新驱动因素分析。在有限理性的假设前提下，考虑科技型中小企业与企业伙伴协同创新的因素，建立科技型中小企业技术共享动态演化博弈模型，获得企业的复制动态方程，通过四阶 Runge-Kutta 法求解系统演化的数值解及不同初始创新概率下创新策略演化趋势。结果表明，系统演化博弈的最终结果受科技型中小企业初始意向影响，企业双方初始策略选择协同创新的概率接近均衡策略点的值，会使企业在最终策略选择上出现犹豫，延长企业形成稳定的协同创新伙伴关系的周期；科技型中小企业处于初创期时协同创新意愿最强烈，其对伙伴关系有促进作用；企业将自身技术成果与其他企业共享形成协同创新联盟，其稳定性除了受创新成本的影响，也受自身技术外化程度和其他企业吸收能力的影响。此外，通过政策适当地引导和激励，能够增强科技型中小企业与企业伙伴协同创新的初始意愿，促使企业协同创新伙伴关系趋于稳定。

由此可见，较强的创新意愿和较强的技术吸收能力能够直接促进企业间技术转移和共享。科技型中小企业需要提升技术外化、融合和内化吸收能力，注重提升自身研发实力，通过加强人才引进拓展研发团队的宽度和深度。若企业在创新意愿或技术吸收能力方面有所欠缺，即使与其他企业形成稳定的伙伴关系，也难以充分利用对方的技术资源。事实上，科技型中小企业因自身规模有限或外部环境变化等进行协同创新伙伴选择，多是围绕短期利益或见效快的项目展开，对协同创新的可持续性缺乏重视。此外，企业管理者对创新项目盲目求新、求快的心态限制了企业通过协同提高自身素养的长远目标的实现，这也是导致企业对伙伴产生过度依赖的原因之一。

4.4　本章小结

本章通过分析科技型中小企业与学研方伙伴、企业伙伴协同创新的模式与特点，在有限理性假设前提下构建协同创新博弈模型。科技型中小企业与学研方之间存在明显的创新资源互补性，但因客观存在的多重差异，应加强风险防范意识与第三方监督管理；而企业间的协同创新，主要考虑技术共享中双方对技术的外化、吸收能力，在充分考虑竞合关系的基础上形成伙伴关系。研究表明，在政府部门选定激励策略时，促进科技型中小企业与学研方协同创新的因素主要包括四个方面，即创新主体所获得的包含政府财政支持与潜在收益的综合收益、政府激励条件下不创新的负面影响、创新主体在协同过程中付出的创新成本及协同创新可能带来的风险补偿机制；科技型中小企业将自身技术成果与其他企业共享形成协同创新联盟，其稳定性除了受创新成本的影响，也受自身技术外化程度和其他企业吸收能力的影响，双方初始策略选择协同创新的概率接近均衡策略点的值，会使企业在最终策略选择上出现犹豫，延长企业形成稳定的协同创新伙伴关系的周期。此外，笔者还通过对演化博弈进行数值仿真分析，探讨了影响科技型中小企业与不同类型伙伴协同创新行为的主要因素，为第5章的仿真分析奠定了基础。

第5章 科技型中小企业产学研协同创新伙伴选择的仿真分析

企业规模、创新资源、技术水平、管理者的社会资本等因素会对科技型中小企业选择产学研协同创新伙伴产生影响。采用主体建模理论能够通过设定单个微观企业的创新选择行为，模拟区域内多主体参与下的宏观现象，从而进一步探讨各因素对产学研协同创新发展的作用机理。本章基于演化博弈数值仿真方法，将科技型中小企业与学研方伙伴、企业伙伴之间的产学研协同创新博弈行为同伙伴选择机制相结合，构建基于多主体建模的仿真分析框架。

5.1 科技型中小企业产学研协同创新与多主体建模理论

科技型中小企业与伙伴通过契约或其他形式形成协同创新的合作与交流，以合作共赢、风险共担为长期目标，开展协同创新活动。这种以科技型中小企业为主体，以企业间创新资源共享、技术协同研发为主要活动的协同创新过程，可以通过基于主体的模型来进行仿真研究。将单个科技型中小企业与学研方伙伴、企业伙伴博弈分析扩展为多个主体同时进行协同创新活动，从宏观视角分析伙伴选择对产学研协同创新的影响，如图5-1所示。

本章采用基于主体建模方法，对每个行为个体构建行为准则、创建仿真环境，将其模拟成自然科学或社会科学中具有独立思考能力的主体。这种方法的优势在于，通过构建行为准则，可以使主体在仿真中自我更新，不断地完成学

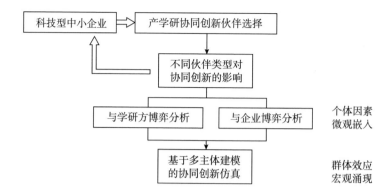

图 5-1　伙伴选择多主体建模仿真分析

习和认知的过程。尽管每个个体都可能在自身的运行中发生偶然性的偏差，但是通过整体的模拟能够表现出明显的有序模式，反映出演化的规律。这种从底层建立仿真的模拟效果是一种确定性与随机性相结合的方法：通过规律来限制个体运动的仿真过程，具有一定的不平衡性和波动性，能够使系统本身处于不断的变化之中。随着系统整体推进和时间的推移，个体之间的相互作用和因果关系能够明显地显现出来。

　　计算机技术的成熟与发展促使多主体建模理论应运而生。当建模环境中代表行为主体的智能体数量大于 1 时，探讨的重点也从单个主体扩展到多个主体的相互作用。这不仅能够更好地解释仿真过程中产生的噪声和偶然性，还有助于从宏观层面解释现实现象。多主体建模通常由行为主体、外部环境和行为规则三个要素构成，其本质是行为主体受外部环境影响，在固定空间中依据行为规则发挥自主学习和相互作用的机制。因此，模型基本组成如下：①具有属性和自主的行为规则的行为主体；②行为主体活动和运行的外部环境；③限定单个行为主体的活动规则和交互规则。

　　每个可以被识别的单位成员或单位个体都是主体建模的基本组成部分，其最基本的特征是不需要任何外部的指示，可以根据规则自主行动。根据 Wool-dridge 和 Jennings（1995）的研究，主体的特征包括四个方面：一是自治性。行为主体可以根据自身信息属性及与其他主体所交换的信息、从外部环境中获取的信息和指令，做出独立的决策。这种决策不受操纵者控制，也不存在统一调动和安排，完全依靠行为主体自身的一些规律而做出。行为主体可能由于自身的条件限制，只能识别有限距离内的信息和命令，但其做出判断的行为是积极主动的，而非受到他人支配的。主体在自治性下所做出的选择和判断符合社会学中对参与主体有限理性的分析，可以通过仿真更精准地模拟个体参与和执行的过程。二是社会能力。社会能力也指行为主体做出适应性行为的通知的能力，在模型中行为主体可以与其他主体或外部环境随时进行交流和互动，这种交流和互动促使仿真的行为主体更接近于实际做出判断的个体，也促使主体不断更新自身属性、接受命令或适应外部环境的刺激。三是反应能力。通常在网络中的每一个行为主体，其本身属性具有异质性，当受到同一种刺激时，由于属性和个体的差异，反应能力存在个性化差异，会对同一事情产生不同的反应，如对待风险的态度有激进和保守两种。基于主体建模的方式是自下而上的，因此单个微观主体的行为叠加能够表现出整个系统的宏观涌现。正因为如此，允许单个个体对突发事件的反应存在偶然性和偏差，当系统趋于稳定以后这种偶然性和偏差并不会影响最终的演变结果。四是目标导向性。行为主体被设定为存在动机的个体，可以在系统中根据自身规则作出选择，并且寻求自己要完成的目标。这种由强烈动机产生的行为受到有限理性的限制。由于行为主体不可能完全掌握整个系统的宏观信息，也不可能对所有的主体属性有明确的了解，因此行为主体只能基于自身判断和信息做出最合理的行为选择。

在基于主体建模的模型中，每个主体不仅受各主体之间相互作用的影响，还会受外部环境的影响而改变其行为。系统默认在同一个空间中每个行为主体被赋予一个物理位置，在给定的空间中移动并相互作用。外部环境对系统的影响主要分为两种：局部影响和全球性影响。局部影响是指外部环境对系统的某些部分所产生的影响，其可能会在局部范围内逐渐扩展或者延伸，而局部以外的地区并不会受影响。全球性影响是指外部的刺激瞬时覆盖整个系统，每一个主体都会在同一个时间节点受到同种刺激，然后根据刺激做出不同的反应。行为主体处于特定的网络中时，相邻相近的作用在局部影响中显得非常重要。冯·诺依曼邻域和摩尔邻域是常被使用的经典二维邻域如图 5-2 所示。

行为规则包括限定单个行为主体的活动规则和主体间的交互规则。在社会学领域内，方程建模往往难以解释现实中存在的个体不受控现象，因为这一情况是由于个体选择差异或者信息不对称造成的。这种情况一直延续到基于主体建模的仿真理论被广泛应用才有所改善。行为规则是主体在系统中做出判断和选择的主要依据，为保证个体行为的正确性，通常基于现有假设条件或历史经验数据设定规则（Garcia，2005）。主体可以执行非线性的交互行为，在某些

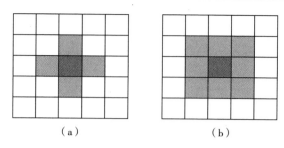

（a）   （b）

图 5-2　冯·诺依曼邻域和摩尔邻域的图解

限定情况下，行为规则可能会有阈值，主体根据自己可获取的信息或与其余主体的交互作用开展活动。因此，行为规则实质上是主体无论处于何种状态都必须遵守的原则，在此基础上主体才会与外部环境、其他主体发生联系和相互作用。这种规则的制定应当尽可能简洁明了地反映主体受到外部刺激后的反应，还涉及可能影响选择的各个方面，若模拟结果与现实偏差较大，未能达到实际的预期效果，则需要重新考虑行为规则设计的合理性。张永安和田钢（2008）提出了理论与实践相结合、易操作性和可检验性三项限定主体行为规则的基本原则。

传统的协同创新伙伴选择方法有一定的局限性，不能很好地表述在微观视角下单个科技型中小企业创新模式选择的影响因素。主体建模方法能够通过大批量微观个体的叠加得到宏观模型，不仅便于观察微观层次下个体交互的动态趋势，还能够表现系统宏观涌现的全过程（柳泉波、何克抗，2004）。杨敏和熊则见（2013）解释了基于方程建模和基于主体建模的本质差异，将主体建模视为经过数次运行后，离散状态的主体产生运动规律的过程，研究指出了有效的模型验证对于主体建模的重要性。钟安原（2020）采用共词分析法和网络聚类法分析主体建模的研究热点，表明多主体建模与社会网络相结合能够更好地探讨创新扩散、协作等涉及复杂系统的现实问题。

5.2　科技型中小企业产学研协同创新伙伴选择的仿真模型构建

NetLogo 是基于 Java 语言开发的可编程建模环境，适用于 Mac、Windows、

Linux 等多种主流平台。它由美国西北大学网络学习和计算机建模中心编写，通过为用户提供可调用模型和开放平台，对现有研究进行模拟、改进设计或探索研究，同时支持根据软件的 Logo 语言自主编写程序，模拟运行环境。软件可以对成千上万个独立主体下达行动指令或行为准则，通过限定主体的运行得到随着时间演化的、由主体构成的复杂系统。NetLogo 被广泛应用于各种自然和社会现象的建模等，涵盖化学、物理学、生物学、心理学、经济学等诸多领域。

5.2.1　仿真模型参与主体分析与基本假设

在上一章的科技型中小企业产学研协同创新博弈模型的基础上，构建基于多主体的仿真模型，研究科技型中小企业产学研协同创新伙伴选择的群体效应。其中，协同创新的各个主体分别用一个智能体表示，其间的连线代表各参与主体之间协同创新所构建的稳定伙伴关系。由于伙伴关系一旦形成，彼此之间的关联没有方向性，因此构成无向图。假设区域内协同创新主体数量为 N，可能产生的伙伴关系数量为 L，那么伙伴关系的网络密度为 D，则有 $D = \dfrac{2L}{N(N+1)}$。科技型中小企业在参与产学研协同创新时，往往面临多个不同阶段的创新决策。通过对各个决策效应的仿真迭代，能够明显观测主体间创新行为的发展趋势。考虑到科技型中小企业产学研协同创新网络的复杂性，为了便于计算和模拟，对实际情况进行了抽象和简化，并提出如下假设：

假设 5-1：网络中各创新主体在单次仿真过程中执行并完成一次创新行为。

假设 5-2：网络中各创新主体的协同创新行为是并发的。

根据科技型中小企业产学研协同创新伙伴选择的特征，图 5-3 结合需求主导性、资源共享性、路径依赖性和地理邻近性描述了科技型中小企业产学研协同创新伙伴关系的不同阶段（Mariotti and Haider，2020）。在第一阶段，科技型中小企业将其对于新想法的搜索局限于当地环境，并优先考虑与长期合作伙伴的关系，同时利用伙伴之间的交流和合作经验保护双方的专有信息。这使得彼此能够依靠一个稳定的专家库或创新网络，以微小的幅度不断创新。这种带有联结印记的合作形式会一直维持，直到迫于需求和环境变化，不得不寻找新的合作伙伴才能够帮助扩展和改进现有的知识和技术。因此，在这一阶段科技型中小企业专注于当前的市场和产品，将大量的时间、精力和资源花费在其他领域或其他行业的研究活动上是极其危险的。此外，这些研究活动带来的结果是未知的，可能面临半途而废或功亏一篑的风险。

第一阶段更多地关注短期结果，因此科技型中小企业倾向于维持自主创新或保持原有的固定伙伴关系。尽管这类协同创新活动对于提升现有的能力和强化关系网络很重要，但是不太可能带来跳跃式创新，而可能导致对这种合作路径的惯性依赖。科技型中小企业采取开放式的创新态度，广泛与各类知识接触，以引发新的知识重组，构成与先前产品或技术不同的一种突破式创新。因此，在图5-3后续的阶段中，科技型中小企业通过跨越原有的技术壁垒，与不同行业的合作伙伴建立新的合作关系，促进合作伙伴网络的横向扩展和多样性的改变，探索更有利于协同创新的模式。

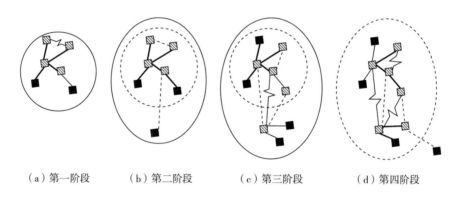

（a）第一阶段　　　（b）第二阶段　　　（c）第三阶段　　　（d）第四阶段

图5-3　科技型中小企业产学研协同创新伙伴关系阶段

第二阶段是通过同原有伙伴在其他领域的交流或与外围企业组成新的连结，突破自身的行业领域限制，发掘知识边界以外的其他技能，促进跨领域技术的融合。因为这是首次构成这种连结，所以在形成的最初阶段相对较为薄弱，属于首次突破固有边界的试探性接触，随着交流合作的深入，这种连接在第三阶段逐步增强。在此基础上，结合陈旭（2010）提出的合作过程相互适应、合作与冲突、社会联系、惯例化的特征，采用粗细程度不同的线条，表达参与协同创新的各个主体间关系的强度，图5-3中将伙伴关系的形成描述为虚线代表的相互适应阶段，折线代表的合作与冲突阶段，细实线代表的社会联系阶段，以及粗实线代表的惯例化阶段。

第三阶段是科技型中小企业与全新的伙伴建立稳定联系，扩展与伙伴相关的其他领域，以推动彼此在相同或相似领域中的知识流动，激发自身的创新活力。这样既能保证原有合作建立在相互信任、有一定基础的合作模式之上，又能够让双方接触到外部知识的刺激，形成新的知识流动，促进彼此共同成长。而后随着时间的推移，科技型中小企业伙伴关系进一步扩展，通过与新伙伴间的连接，接触彼此技术外延的伙伴，形成第四阶段，促使双方真正建立突破壁垒的牢固连接。

5.2.2　仿真模型参与主体的基本属性

在构建的创新网络中存在四种主体，除了以科技型中小企业为代表的企业主体，还设计了三种对科技型中小企业成长、成熟过程中的创新活动有重要影响的主体，即高校院所、研究机构和科技中介组织。这四种主体可以分为两大类：一类是包括企业、高校院所和研究机构的创新主体集合，它们本身拥有一定的知识和技术储备，能彼此共享创新资源；另一类是以科技中介为代表的科技服务组织，它们并不直接参与科技创新活动，而是提供以知识为主的咨询服务或建议，促进科技资源有效流动。其中，学研方主体在创新成功后创新资源数量和技术水平有较大提升，创新失败后则不会对其产生明显的负面影响；而企业主体在创新成功后，不仅创新资源数量和技术水平得到较大提升，还会因取得良好的经济效益而使企业主体规模得到扩张，创新失败后企业创新资源和规模均受损，当规模小于一定数值时，该企业退出仿真实验。网络中可以通过界面直观预设科技型中小企业、高校院所、研究机构以及科技中介的数量，每个与科技中介相连的主体都是为了通过专业化服务完善自身的创新资源，以寻求更好的合作伙伴。

仿真网络中的主体可以选择不同的创新方式来完成研发过程。本模型以科技型中小企业为主体，可根据预先对研发项目的成功率进行估算，在研发初期选择自主创新或协同创新两种不同模式。当科技型中小企业选择自主创新时，由于受自身技术水平和人力资源所限，企业所付出的技术创新成本将会高于协同创新模式下投入的成本。同时，当自主创新完成以后，由于不涉及利益分配过程，所获得的收益也归科技型中小企业独自享用。而当科技型中小企业选择进行协同创新时，面临四种伙伴选择：①与其他具有合作意向的企业协同创新；②与具有较多创新资源的高校院所、研究机构共同完成研发项目；③通过向科技中介咨询或求助，采用技术产权交易或专利转化的方式在他人成果基础上自主研发；④利用科技中介对创新资源信息的整合优势，寻找新的合作伙伴。

考虑到科技型中小企业本身既是技术的需求方也是供给方，在自主创新和四种协同创新模式的设计中分别考虑了多种情况下各参与主体的属性变化。初始阶段通过"setup"使各创新主体随机分布在不同的空间位置，并建立每个主体的技术储备、初始规模、创新资源等初始参数。由于空间中的科技型中小企业需要不断创新以应对激烈的市场竞争，因此该主体需要选择创新模式。在协同创新过程中，科技型中小企业会将自己的部分技术和知识与伙伴分享。受协同创新模式不同的影响，创新主体所投入的创新成本和获得的创新收益有所不同。

本书将各创新主体属性描述为现有技术水平、代表企业规模的资产总额和包含人才、实验试制条件等因素的创新资源三个方面。设 t 时刻第 i 个创新主体的技术水平为 $k_i(t)$，企业规模为 $s_i(t)$，创新资源为 $r_i(t)$，其选择协同创新活动的概率为 $p_i(t)$。其中，$k_i(t) \geq 0$、$s_i(t) \geq 0$、$r_i(t) \geq 0$，$k_i(t) \in R$，$s_i(t) \in R$，$r_i(t) \in R$，$p_i(t) \in (0, 1)$。企业规模 $s_i(t)$ 在科技型中小企业诞生初期随机生成，并随着创新活动的进行而产生消耗。当 $s_i(t) = 0$ 时，企业宣告破产。结合前述章节中科技型中小企业的特点，根据科技型中小企业主体所处的不同生命周期设计 $k_i(t)$、$s_i(t)$、$r_i(t)$ 的初始值。初创期企业有较高的技术水平和较强的初始创新意愿，而后随着时间 t 的演变，企业创新成功后会显著增加企业规模、创新资源，创新失败后则缩减企业规模。

5.2.3 仿真模型参与主体的行为规则

将单次科技型中小企业产学研协同创新行为仿真过程分为创新模式选择、合作伙伴选择、创新资源重组三次连续的子行为，图5-4为科技型中小企业产学研协同创新伙伴选择模型仿真步骤。NetLogo 程序以"setup"和"go"两个结构命令为主，其中通过"setup"构建各个创新主体的属性参数和初始规模，循环"go"命令促使每个 tick 的创新主体完成一次创新过程。

（1）创新模式选择规则。持续创新是科技型中小企业持续成长的主要方式，而创新模式受企业自身规模、现有技术水平和创新资源等因素的影响。在仿真程序设计时，在每个 tick 内企业都面临一次创新模式的选择：企业三个方面属性都处于较高水平，则选择自主创新模式的概率远大于寻求合作伙伴协同

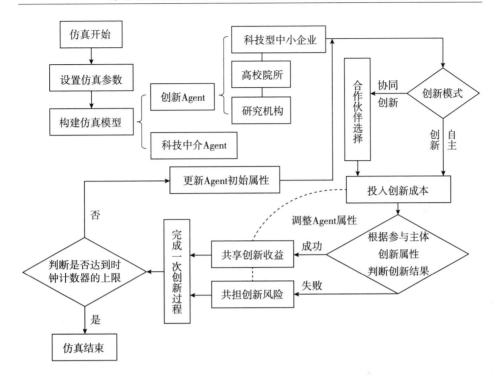

图 5-4　科技型中小企业产学研协同创新伙伴选择模型仿真步骤

创新的概率；对于存在某方面劣势的科技型中小企业而言，选择协同创新无疑是更适合企业发展的创新模式。

设仿真环境内由 n 个科技型中小企业主体组成的集合为 N，即 $N=\{1,2,\cdots,n\}$。若企业主体 $k_i(t)>k_{average}(t)$，$s_i(t)>s_{average}(t)$，$r_i(t)>r_{average}(t)$ 均成立，则企业必然选择自主创新模式。否则，企业主体可以根据4.3 节中科技型中小企业博弈模拟仿真的计算结果，随机选取参与协同创新的概率 $p_i(t)$，与博弈仿真混合策略均衡点 $P^*(x^*,y^*)$　〔它的坐标为 $(0.3255，0.5937)$〕进行对比，进而选择协同创新模式或自主创新模式。

（2）合作伙伴选择规则。在仿真过程中，选择协同创新模式的科技型中小企业会主动选择合作伙伴。考虑到科技型中小企业规模有限，完成三方以上共同研发项目的情形相对较少，所以设计采用协同创新模式的企业主体选择一个或两个其他具有协同创新意愿的主体作为伙伴。高校院所和研究机构作为学研方伙伴，具备功能完善的实验研发条件，在技术水平或创新资源等方面优于科技型中小企业，倾向于选择促进科技成果转化的协同创新模式，形成支持"双创"活动的良好态势。而以科技中介为代表的科技服务组织，其本质就是通过促进多方协作完成创新产品或技术的推广。因此，在设计过程中为这两类主体选择协同创新模式。

为使仿真结果符合客观事物的发展规律，科技型中小企业主体进行伙伴选择时采用地理邻近、路径依赖和随机选择三种仿真原则。尽管随着信息技术的成熟发展，地理邻近性对于伙伴选择的作用已经逐步弱化，但是多数地区处于孕育期或成长期的科技型中小企业仍然依托当地产业集群的相关产业或产品发展自身技术。通过集群成员之间的专业分工或上下游关系的联结，可以促进产业链的本地化。这不仅有助于上下游企业的沟通互动，还为双方的协同创新过程创造了便利条件。路径依赖体现为对于曾有过成功完成协同创新合作项目的主体（在之前的 tick 中曾经合作过的企业、高校院所或研究机构），当双方再次达成协同创新意向时，也会基于先前的合作沟通，优先考虑将彼此作为下一轮合作的伙伴。在每个仿真 tick 内，当创新主体 i 选择另一主体 j 作为伙伴并建立连接时，j 的名字将会被记录在创新主体 i 的"name-list"属性中，而当下次创新主体 i 和创新主体 j 同时选择协同创新策略时，它们有较大概率再次合作。鉴于计算机仿真具有不可控性和随机性，在选定初始参数后设计随机模式运行方案，生成界面并导出，作为对其他模式的参考。

（3）创新资源重组规则。选择自主创新的科技型中小企业主体独自承担创新成本，因此对创新资源的消耗和人力、物力、财力的投资都高于协同创新模式下的科技型中小企业，同时由于自主研发独立承担创新风险，研发后所带来的收益或损失也将独享或独自承担。选择协同创新模式的企业主体则可以分担创新成本、分摊创新风险。考虑到合作双方一般只付出部分技术储备和创新资源参与协同创新，随机选择部分属性参与研发仿真。如果合作双方可以在技术水平、创新资源和企业规模等方面互补，就可以大幅提高协同创新研发成功的概率。

为了进一步保证仿真实验的客观性与科学性，选取本书 4.3 节中企业双方博弈仿真参数，根据参数取值范围进一步计算双方在协同创新策略下支付矩阵的最大值与最小值，将双方所付出的 $k_i(t)$、$s_i(t)$、$r_i(t)$ 与博弈仿真建立比例关系，并依据计算结果在范围内选取协同创新收益的增加值。协同创新研发获得收益后，伙伴间对创新收益进行利益分配。对于科技型中小企业而言，主要得益于企业规模和创新资源方面，高校院所和研究机构则主要受益于技术水平和创新资源方面。科技中介若参与成功，更多地对拓展其创新资源有明显助益。

5.3　科技型中小企业产学研协同
创新伙伴选择的仿真设计

5.3.1　仿真界面及参数设定

模型采用多主体仿真建模软件 NetLogo 进行，在可视界面中设置可调参数，包括代表行业内最先进技术水平的最高技术水平（Max-Technical-Level）、最大创新资源（Max-Collaborative-Resources）、限制中小企业发展规模的最大规模（Max-Scale）、循环"go"命令的运行时间（Stop-Ticks）、表述伙伴地理邻近性的产业集群步长（Stride-Length）以及四类创新主体（Initial-Num-of-Smes，Initial-Num-of-Colleges，Initial-Num-of-Res-Institutions，Initial-Num-of-Tech-Intermediaries）的初始数量，其余参数依据第 4 章数值仿真中的访谈调研范围选取，仿真界面如图 5-5 所示。图中包含两项开关，可对系统内学研方、科技中介主体是否参与产学研协同创新进行限制。

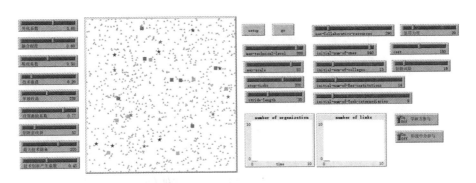

图 5-5　仿真界面

5.3.2　仿真结果分析

为了减少仿真结果的偶然性，规避随机组合带来的误差，我们多次选取多组初始参数进行仿真实验，验证模型可靠性，并通过对比发现多数实验可以得到相似结论，证明了仿真结果具有一定的科学性和适用性。这里选取其中的单次实验结果进行仿真分析。

经过一组时间的运行，科技型中小企业与学研方协同创新仿真得到的实验结果如图 5-6、图 5-7 所示。图中三角形代表区域内企业主体，黑色较多的三角形代表科技中介，五角星代表高校院所，方形代表研究机构。对比图 5-6 和图 5-7 可以看出，科技型中小企业在科技中介不发挥作用时，会向拥有较丰富创新资源和较高技术水平的学研方伙伴（高校院所和研究机构）靠拢。而在科技中介的参与下，科技型中小企业产学研协同创新形成的连接结构相对松散，资源分配和伙伴布局更合理。

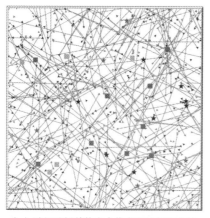
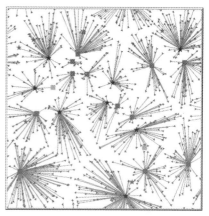

（a）随机选择其他有合作意向的创新主体　　　（b）根据地理邻近性选择合作主体

图 5-6　科技型中小企业与学研方协同创新仿真结果（不含科技中介）

根据山西省统计年鉴，截至 2018 年，山西省县级以上从事自然科学研究与技术开发的机构总数为 121 所，普通高等学校总数为 83 所，比例约为 3∶2。而截至 2019 年底，山西省中小微企业法人单位数达 44 万户，占山西省企业总数的 99.8%，因此科技型中小企业的数量远大于其他创新主体的数量，同时考虑到科技型中小企业的生命周期，按照统计数据预估科技型中小企业的新生增长量。由此可以看出，科技型中小企业的数量较为庞大，在协同创新伙伴选择中，不仅考虑企业与其他主体的协同创新，还要着重考虑在高校院所和研究机构有限的情形下，中小企业间彼此合作研发的情况，仿真结果如图 5-8 所示。

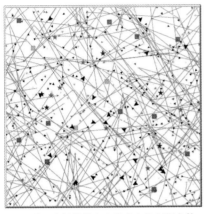

（a）随机选择其他有合作意向的创新主体　　　　（b）根据地理邻近性选择合作主体

图 5-7　科技型中小企业与学研方协同创新仿真结果（含科技中介）

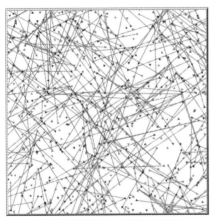

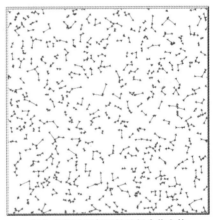

（a）随机选择其他有合作意向的创新主体　　　　（b）根据地理邻近性选择合作主体

图 5-8　科技型中小企业间协同创新仿真结果

为了使模拟仿真结果真实可靠，在最终实验中选择科技型中小企业、学研方、科技中介都参与的情况，并假定在一定步长范围内有较大概率选择距离近的、有合作基础的伙伴进行协同创新。实验开始阶段为各个创新主体赋值，首先选取中间参数进行仿真，得到图 5-9。由图 5-9 可以看出，科技型中小企业经过 200 次创新活动，企业数量在短暂的上升后进入衰退期，最终有 32% 的中小企业退出市场舞台，符合优胜劣汰的客观事实。图 5-9 中左侧图体现了企业主体数量，右侧图代表了系统内有效的协同创新伙伴关系数量。由图 5-9 可以看出，企业在成长阶段对创新方式的选择有比较明确的态度，而随着企业业绩下滑进入衰退期，市场趋于稳定，企业对自主创新与协同创新的选择会交替出现，即选择协同创新的概率在一个周期内均值保持不变，但是瞬时量存在起伏。

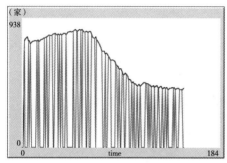
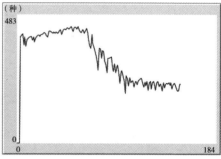

(a) 企业主体数量　　　　　　(b) 系统内有效的协同创新伙伴关系数量

图 5-9　中间参数仿真对照组

通过对实验采取控制变量法，依次分析了外部环境因素和主体自身因素的影响。其中，外部环境因素包括政策扶持力度、惩罚力度、创新风险系数三个方面，仿真结果如图 5-10 至图 5-12 所示；主体自身因素包括伙伴平均技术储量、企业规模、创新资源三个方面，仿真结果如图 5-13 至图 5-15 所示。图中浅灰色线、深灰色线和黑色线分别代表各项变量值由低到高的演变，左侧图像代表具有协同创新意愿的科技型中小企业数量，右侧图像则显示通过一个完整决策过程后，找到匹配的产学研协同创新伙伴，形成稳定伙伴关系的连接数量。

图 5-10 中浅灰色线、深灰色线、黑色线分别表示政策扶持力度由小到大的变化。当政策扶持力度较小时，企业间选择协同创新的意愿较弱，发展趋势也较为平缓；当扶持力度居中时，如图中深灰色线所示，政策带来的红利促使科技型中小企业在短时间内集中选择协同创新模式，但当经过一定时间的迭代以后，区域内企业的协同创新意愿逐步减弱，最终稳定；当扶持力度显著增大时，如图中黑色线所示，它能够反复激励科技型中小企业在这一过程中选择与

其他伙伴协同创新。同时，可以看出政策激励的持续性与政策的扶持力度成正比，在政策扶持力度较小、居中和较大三种情况下，峰值出现的位置均有一定的时滞。政策扶持力度越大，时滞越明显。这是因为在科技型中小企业产学研协同创新过程中政策给予了鼓励和支持，但要想通过引导真正使科技型中小企业自主选择协同创新需要一定时间的演化和迭代。这在一定程度上验证了第4章的部分结论：当扶持力度较大时，科技型中小企业最终通过协同创新获得收益以后，能够得到较好的发展和成长；当扶持力度较小时，企业间最初创新热情消退后会产生大幅度的衰退（右图中浅灰色线所示），出现了较大幅度的波动。

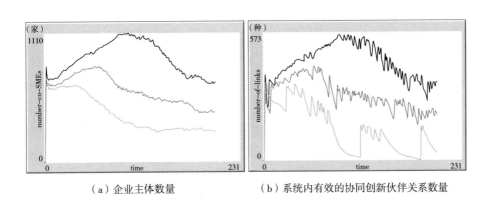

（a）企业主体数量　　　　（b）系统内有效的协同创新伙伴关系数量

图 5-10　政策扶持力度对科技型中小企业产学研协同创新伙伴选择的影响

伙伴在协同创新过程中违约的惩罚力度对协同创新伙伴选择也有一定的影响，仿真结果如图 5-11 所示。可以看出，惩罚力度较大和惩罚力度较小（图中黑色线、浅灰色线所示），均对双方协同创新的热情产生明显的抑制作用，而当惩罚力度适中时（图中深灰色线所示），惩罚恰巧都处于彼此可以接受的范围内，双方的容忍度较高，选择协同创新的概率较大。同时，可以看出惩罚力度居中使双方的协同创新伙伴选择趋于稳定的时间延长，这说明适中的惩罚力度有助于保持双方对协同创新的热情。

对比图 5-10 和图 5-11 可以发现，良好的政策扶持力度和适中的惩罚力度，有助于帮助科技型中小企业更好地抱团取暖，形成一定规模的协同创新网络。惩罚力度过大或过小，均不利于科技型中小企业形成稳定的伙伴关系。

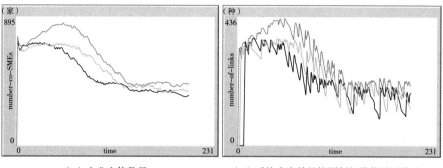

（a）企业主体数量　　　　　　　　（b）系统内有效的协同创新伙伴关系数量

图5-11　惩罚力度对科技型中小企业产学研协同创新伙伴选择的影响

此外，项目的创新风险系数对科技型中小企业产学研协同创新伙伴选择有一定的影响，但并不显著，仿真结果如图5-12所示。项目的创新风险系数与项目的难度、市场环境等多个因素相关。其中，当创新风险系数较高时，企业选择协同创新的倾向较弱，这是因为当风险系数过大时，企业对项目产生了望而却步的想法。反之，企业倾向于小规模的协同创新。当风险系数适中时（图中深灰色线所示），出现峰值和谷底同时存在的情况，科技型中小企业既可以负担研发风险，也倾向于获取更多创新收益。

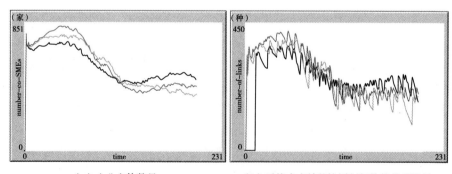

（a）企业主体数量　　　　　　　　（b）系统内有效的协同创新伙伴关系数量

图5-12　创新风险系数对科技型中小企业产学研协同创新伙伴选择的影响

由图5-13可知，伙伴平均技术储量对伙伴选择有一定的影响。当平均技术储量较低时，可以看到选择协同创新的科技型中小企业数量持续增长，此时对技术的需求最大化，远超过对其他的要求。技术水平较低，创新资源相对富裕，能够有效促进区域科技型中小企业协同创新的热情持续增加，并在一定时间后达到稳定。当技术储量居中时（图中深灰线所示），可以看到最初选择协同创新的科技型中小企业数量有明显提升，但当达到一定迭代数量之后，部分科技型中小企业通过协同创新已经显著提高自身技术储量，转而更倾向于选择自主研发。如图 5-13 中黑色线所示，当技术储量相对较高时，科技型中小企业最初受到政策的引导，倾向于协同创新，但是在这一过程中，能够形成的有效伙伴关系的数量起伏较大。这说明彼此间由于自身技术储量较好，可能存在一定的摇摆不定，而后自主研发倾向增大，与第 4 章的部分结论相吻合。最终随着市场的逐步变化，科技型中小企业的数量和规模仍会受其他因素的限制而趋于稳定，达到稳定状态时企业选择协同创新模式的可能性较小。

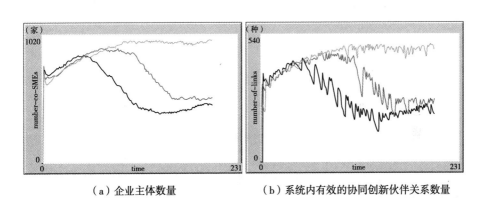

（a）企业主体数量　　　　　　　（b）系统内有效的协同创新伙伴关系数量

图 5-13　伙伴平均技术储量对科技型中小企业产学研协同创新伙伴选择的影响

企业规模同样会对科技型中小企业协同创新伙伴选择产生影响，仿真结果如图 5-14 所示。图中企业规模对科技型中小企业产学研协同创新伙伴选择的影响的峰值出现时间作用不明显。随着反复多次创新，创新成功率与创新绩效越发影响企业规模的发展。在企业规模较小的情况下，经过几个回合的创新，科技型中小企业的数量逐步缩水。科技型中小企业受自身规模限制，难以承担创新失败所带来的打击，即使与多个伙伴分担创新风险，仍有创新投资项目失败后血本无归的可能，进而加大科技型中小企业快速走向死亡的可能。因此，右图中浅灰色线条较为平缓，受规模限制而选择稳步保守发展的科技型中小企业占比较高，到后期随着时间演变，企业数量和规模达到一定程度的平衡，出现部分企业为求变而试图采取协同创新的方式，线条产生较为明显的起伏。从图中黑色线可以看出，当企业平均规模较大时，其不仅在自己的行业领域有余力研发新的项目，还可以与上下游企业、科研机构、高校院所等多方合作，集体攻关完成难点、重点项目。在企业规模较大的情况下，黑色线表现出较高的峰值，科技型中小企业勇于冒险尝试协同创新，以期完成更为复杂的项目。这样不仅可以促进彼此共同成长、共同发展，还能够推动科技型中小企业平稳地过渡到一个新的阶段。

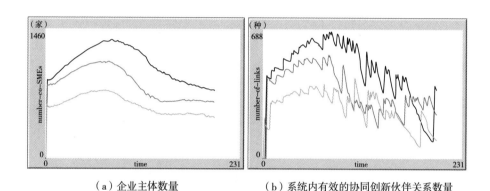

（a）企业主体数量　　　　　　（b）系统内有效的协同创新伙伴关系数量

图 5-14　企业规模对科技型中小企业产学研协同创新伙伴选择的影响

企业创新资源投入包括协同过程中财力、人力、技术、硬件设施、仪器设备等方面的投入，创新资源不足会对科技型中小企业的发展产生明显影响，仿真结果如图 5-15 所示。从图中可以看出，由于创新资源的匮乏或丰富，科技型中小企业在选择创新模式时带有偶然性，不仅希望保持创新资源不外泄、维持自身的技术优势，还倾向于同其他企业共享资源、优化配置。当左图曲线趋于稳定后，右图中同一时间的线条有明显的起伏。其中，从左图中代表创新资源匮乏的浅灰色线可以看出，资源的不足对企业协同创新伙伴选择有轻微的抑制作用。而当区域内各个主体的创新资源较为丰富时，科技型中小企业选择协同创新的概率和比例基本相似，资源的差异主要体现在峰值位置、产生的时间、趋于稳定后科技型中小企业的数量三个方面。因此，从图 5-15 可以看出，创新资源是保障创新活动顺利进行的物质基础，对现有创新资源的充分合理利用和科学使用是企业应探索的方向。

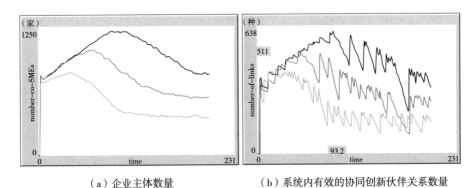

（a）企业主体数量　　　　　　（b）系统内有效的协同创新伙伴关系数量

图 5-15　创新资源对科技型中小企业产学研协同创新伙伴选择的影响

5.3.3　仿真研究启示

本章以第 3 章科技型中小企业产学研协同创新伙伴选择的类型、动因和特征为实验原理，根据第 4 章提出的科技型中小企业与学研方伙伴、企业伙伴的博弈演化模型构建仿真实验。通过实验分析不难发现，影响科技型中小企业产学研协同创新伙伴选择的主要因素包括外部环境因素和主体自身因素两大部分，其中可以细化为政策扶持力度、惩罚力度、创新风险、伙伴平均技术储量、企业规模、创新资源六个方面。首先，在外部环境中，良好的激励政策、适中的监管力度有助于科技型中小企业在协同创新平台上更好地发挥关键作用。过高、过低的惩罚政策或监管力度都不利于科技型中小企业构建稳定的伙伴关系。其次，项目创新风险受多方面因素的影响，对伙伴选择的作用尚不明确。风险系数越接近预期，对企业决策者的影响越显著。再次，参与主体的技术水平、规模、创新资源都会对科技型中小企业产学研协同创新伙伴选择产生一定程度的影响。科技型中小企业在多种主体协同创新过程中，倾向于选择学研方作为伙伴，但由于学研方伙伴组织架构不同、创新目标不同，创新成功率受到一定的限制。在科技服务企业或科技中介参与的情况下，这一情况能够得到很好的改善。最后，科技型中小企业与企业伙伴的风险承受能力存在差异，一旦项目被终止或创新失败，则可能会对企业造成明显的打击，影响企业持续发展。经过一段时间的演化后，企业伙伴间的创新活动方能达成较好的平衡。

此外，区域技术水平会对协同创新产生积极的促进作用。这一点在现有的研究中已经得到了很好的证实：与一流大学地理位置更邻近的科技型中小企业会更积极地响应产学研协同创新，并获得最终的知识溢出，而科技型中小企业与普通高校院所的协同创新大多仅局限于部分相关技术领域。

综上所述，从科技型中小企业产学研协同创新行为的仿真结果可以看出：不同类型伙伴的参与有助于科技型中小企业发展壮大。由于学研方享有与科技型中小企业不同的创新资源和技术水平，充分利用学研方伙伴的力量能够帮助科技型中小企业有效提升协同创新的成功率，规避创新风险，但是在多次演化后也会产生学研方伙伴负担过重的情况。而企业间的两两合作可以建立稳固的伙伴关系，不仅可以促使双方企业规模、创新资源和技术水平都得到增长和扩展，还有助于下一轮协同创新策略选择。从长远发展的角度来看，酌情选择适合自己的协同创新伙伴对科技型中小企业的长足发展尤为重要。

5.4　本章小结

本章简要介绍了主体建模的特性及其在创新扩散、知识转移等多领域的应用，针对科技型中小企业的成长特点和创新基础条件，设定微观企业创新模式选择与伙伴选择的假设条件，模拟区域内多个主体共同作用下的宏观现象。研究表明，在外部环境因素中，较大的政策扶持力度、适中的监督惩罚力度都有助于科技型中小企业进行协同创新。而项目创新风险由于受到多方面因素的综合作用，越接近企业管理者的心理预期，对科技型中小企业产学研协同创新的影响越显著。主体自身属性中伙伴平均技术储量对科技型中小企业快速成长有明显的促进作用，而其对协同创新伙伴选择的影响体现在区域内系统趋于稳定之后。企业规模对科技型中小企业进行协同创新伙伴选择时所能承担的风险有明显的影响，其抗风险能力与企业规模几乎成正比。企业创新资源对科技型中小企业产学研协同创新伙伴选择有基础保障作用，资源不足对伙伴选择有轻微的抑制作用。仿真实验的部分结论与第 4 章演化博弈分析的结果相似，并依据实验结果为科技型中小企业产学研协同创新实践提供了相应的对策建议。

第6章　科技型中小企业产学研协同创新伙伴选择的综合评价

　　科技型中小企业作为协同创新的发起者和受益者,对伙伴选择有正确、清晰的认知有助于构建稳定的产学研协同创新伙伴关系。对伙伴选择进行综合评价能够帮助企业明确伙伴的加入是否对协同创新整体的发展有长期持续的积极作用。本章在前述章节的基础上,通过考虑与学研方伙伴和企业伙伴协同创新的优劣势,构建科技型中小企业伙伴协同创新能力评价体系,提出了一套行之有效的伙伴选择综合评价方法。考虑到科技型中小企业产学研协同创新的风险性,结合管理者对风险态度的不同偏好,利用基于前景理论和模糊 TOPSIS 法,将模糊决策矩阵转化为前景价值矩阵,用计算出的收益损失比值代替相对贴近度。最终对备选方案进行优劣排序,通过算例验证模型的有效性。

6.1　科技型中小企业产学研协同创新伙伴选择评价的原则

　　协同创新作为一项风险系数较大的战略活动,在其运行过程中随时可能出现潜在风险或关系危机。伙伴选择适当与否,对整个协同目标的实现有至关重要的作用。据统计,技术合作研发的中间性组织失败率为 50%~60%(马宗国、张振鹏,2009),且平均合作时间为 3~5 年。科技型中小企业产学研协同创新过程不同于单纯的交易过程,伙伴关系一旦形成,双方处于荣辱与共的绑定状态，由冲突造成的损失可能远大于企业自主创新失败的损失（Mccalman et al.，2000）。伙伴彼此一旦由意向达成了契约，均需投入大量的时间、精力和创新资源。随着沉没成本的不断增加，科技型中小企业越来越难以承担失败的风险。更为关键的是，创新机遇稍纵即逝，由冲突所额外增加的时间成本是企业难以负担的。因此，审慎地进行产学研协同创新伙伴选择，是科技型中小企业有效抵御创新风险的基本途径。

伙伴选择是构成伙伴关系的初端。现有研究表明，影响伙伴选择的因素涵盖多个方面，其侧重点不尽相同。除对实现协同目标的成本、时间、能力等基本需求进行研究以外，对伙伴的组织架构、管理水平、文化背景也有适当的考量。随着信息技术的飞速发展，信息化因素也成为企业突破地理邻近性、与伙伴共享优质资源的重要影响因素（华金科、曾德明，2007）。科技型中小企业以发展壮大并获得持久的竞争优势为生存目标，协同创新伙伴选择也应建立在此基础之上（李随成、黄梦醒，2002）。科技型中小企业伙伴选择评价指标应明确，易于量化和操作。同时，指标的数量不能太大，以便在短时间内快速建立伙伴关系。基于科技型中小企业自身的经营状况和协同目标，在伙伴选择时应遵从以下三个基本原则：

第一，资源互补原则。科技型中小企业进行伙伴选择的根本目标是共享创新资源、强化核心能力。参与主体的核心技术与伙伴的专业领域相一致，有助于双方在专业化技术研发上匹配程度的增加，但是技术重叠会使协同创新中存在知识冗余，甚至可能围绕同一技术问题的解决方案发生冲突。在考虑创新资源的互补性时，既要考虑创新投入的人力资本、硬件条件，也要注重考虑伙伴与科技型中小企业现有技术（专利或研究成果）的重叠程度。

第二，相互性原则。协同创新建立在相互尊重、相互学习、取长补短的基础上，只有双方彼此协同意愿接近，通过持续的交流互动和经验积累，增加综合实力，才能使科技型中小企业获得长久的竞争优势。若只是单个创新主体一厢情愿，难以形成稳定的伙伴关系。

第三，保持独立自主原则。协同创新是与他人交流学习的过程，科技型中小企业应在这一过程中保有自身的主见，避免由于过度依赖伙伴而产生协作风险。一旦出现过度僵硬的伙伴关系，将会导致内部失衡。尤其是对于科技型中小企业而言，如果丧失平等独立的战略地位，彼此之间将可能由合作关系变成兼并关系，从而对企业造成无法弥补的损失。

伙伴选择应当建立在双方平等、互相尊重、相互独立的前提下，基于信任而对互补型或相似性资源进行共享，在彼此认可和给予支持的同时，注重自我价值的保护，这是科技型中小企业在伙伴选择时应遵守的基本原则。

6.2　科技型中小企业产学研协同创新伙伴选择评价的特殊性

目前，对科技型中小企业伙伴选择的研究大多是基于理性的假设。然而，科技型中小企业的特质之一是具有高度的灵活性。这种灵活性是企业系统的一种综合属性，是由中小企业扁平状结构决定的，反映出企业在不确定或不可预测的环境中对资源的调度及重组能力。风险倾向性的特征使科技型中小企业的管理者在决策行为中起到了关键作用，管理者的心理因素和风险态度是需要考虑的关键因素。管理者的风险偏好对于科技型中小企业产学研协同创新而言有利有弊。高投入、高回报的项目可以促使科技型中小企业快速发展壮大，但同时也会将企业置于高风险的境遇。冒险型管理者在面临协同创新这一高风险创新投资项目时，会强化关注受益而弱化对风险的防范意识，不断追加研发资金。与保守型管理者相比，冒险型管理者更愿意维持企业协同创新的不断前进，以期达到高产出的目的。但科技型中小企业对风险的承担能力较弱，过度追求风险的管理者容易因创新项目失败或投资与回报不匹配而使科技型中小企业面临资金链断裂或投资失控等问题，最终导致创新资源的浪费，甚至会影响企业的寿命。传统的决策理论已不能满足实际的需要，因此本章提出基于前景理论的决策方法，研究科技型中小企业伙伴选择问题，强化企业管理者的主观风险态度在决策中所起的作用。

（1）管理者对科技型中小企业伙伴选择的影响。根据高阶理论可知，企业管理者个人属性、社会资本、过往经历等个体异质性对其决策产生不同的影响，进而影响伙伴选择行为。这一理论已经被成熟应用于基于投资者风险偏好的金融市场。有学者研究了管理者的有限理性行为对企业决策的影响。Kahneman 和 Tversky（1979）在前景理论中指出，在面对不确定情形时，人的判断和决策往往受到较多心理因素的干涉而产生认知偏差。个体倾向于对正向

（收益）框架效应问题不愿冒险，而倾向于对负向（损失）框架效应问题寻求冒险。Brunetto 和 Farr-Wharton（2010）提出，信任是影响中小企业所有者或管理者感知网络间潜在利益的重要因素，其对决策产生影响。王元芳和徐业坤（2019）研究发现，民营企业管理者履历中的从军经历展示出其在风险态度上更趋向于保守，同时企业风险承担能力还会随着政府干预的增强而被弱化。

科技型中小企业管理者很大程度上决定了企业的经营策略和战略选择，其风险偏好特征会影响企业协同创新行为（朱旭强，2010）。风险偏好特征是指管理者自身心理上对待不同风险的认知态度。这种态度存在明显的个体差异（张应语、李志祥，2009）。管理者的决策风险态度已经引起国内外学者的广泛关注。Roll（1986）针对公司并购问题提出了狂妄自大假说，不仅佐证了管理者风险偏好中过度乐观和过度自信两种属性对投资活动影响的客观存在，也开启了管理者非完全理性的决策研究。该观点一经提出，得到了后来学者的广泛拥护。史永东和朱广印（2010）、Malmendier 和 Tate（2008）曾先后得到过度自信的管理者更容易引发企业并购行为的相似结论。此外，Thakor 和 Goel（2000）通过更细致地划分管理者的风险态度，认为谨慎的、中庸的和过度自信的管理者均有可能由于自身因素而造成企业损失，但造成损失的原因差异很大：谨慎的管理者更可能受限于投资不足；中庸的管理者容易高估企业所掌握的信息的准确性；过度自信的管理者更容易出现过度投资行为。

管理者的风险态度对企业的研发投入有显著的正向影响（唐清泉、甄丽明，2009），是企业选择创新项目和合作伙伴的重要参考因素。Perrino 等（2005）指出，随着管理者风险厌恶程度的上升，低风险项目对其产生的吸引力越强。

在现代决策理论中行为决策是在实验经济学的理论基础上，对行为主体的决策过程、机理和影响因素进行分析。关于企业管理者的行为决策研究涉及统计学、心理学、管理学等诸多学科的综合研究，其核心在于对行为主体做出决策的影响因素的科学预判和探索，并以此建立理论模型，为其余决策者行为研究提供借鉴。在选择前景理论的功能参数时，经典前景理论只考虑了决策的不合理性，没有区分管理者的风险态度。本章通过改进前景理论的价值函数形式，扩大参数范围，将科技型中小企业管理者的风险态度更好地融入产学研协同创新伙伴选择过程。

（2）研究方法选择。数据粒度是指数据存储时的细化程度：细化程度高，则粒度小；细化程度低，则粒度大。面对大量的数据，正确划分数据粒度能够在保证满足决策分析需求的同时，最大程度地简化操作流程，便于计算，节省时间成本。因此，多粒度粗糙集数据建模方法已成为学术界广泛关注的一种多视角数据分析方法（桑妍丽、钱宇华，2012）。它最早由 Qian 等（2010）提出并被用于改正 Pawlak 粗糙集算法耗时过多、存在系统不适应性、数据时效低等缺点。之后这一概念受到了更广泛的关注，并推动了多粒度粗糙集理论的实践与应用（Xu et al.，2012；张明等，2012）。为了有效地处理伙伴类型不同造成的不完全信息，决策成员经常直接使用"重要""一般"或"不重要"来反映他们的意见。由于科技型中小企业伙伴类型多元化，因此在构建选择方法时，采用多粒度犹豫模糊模型可以有效地避免因类型不匹配而难以取舍的问题。例如，学研方伙伴选择方案可以通过对相似指标采用较粗糙的粒度进行专家打分，从而使不同类型伙伴间可以进行横向对比。

虽然许多学者对科技型中小企业产学研协同创新伙伴选择的标准体系进行了多方面的思考，论证了其科学性和客观性，但是采用的主观赋权法受到专家或决策者主观因素的影响。决策者可以通过主观赋权法（AHP）确定权重，以体现不同评价指标的重要程度，但在实际操作中由于其主观性较强，会影响客观判断。现有大多数模型在考虑合作伙伴的异质性时存在一定的局限，在确定准则权重的过程中不可避免地包含了大量的模糊和不确定信息，传统的方法难以准确地表达决策成员的意见。在对比同类备选伙伴方案过程中，对未知权重的客观赋权法（熵权法）有助于提高评价方法的精确性。本章研究了有限信息下确定关键指标权重的方法，即采用客观赋权法，利用决策矩阵中数据的离散程度确定属性权重。

因此，本章提出在多粒度犹豫模糊语言环境下，运用模糊熵理论求解权重，并在此基础上结合管理者的风险态度，筛选科技型中小企业产学研协同创新伙伴的评价方法。同时，考虑到指标设计的科学性与合理性，通过对关于现有企业创新能力评价指标的文献进行梳理和整合，结合科技型中小企业的自身特点，提出相应的指标设计。这样既能体现评价的模糊性，又能充分发挥管理者的个人能动性。

6.3 科技型中小企业产学研协同创新伙伴选择综合评价的指标体系构建

6.3.1 评价指标设计准则

在科技型中小企业产学研协同创新伙伴选择评价模型中，评价指标的设计是模型计算的主要根基，在设计评价指标时应当遵循五大准则：

第一，科学性。评价指标体系必须建立在科学的基础上，判断指标是否符合科技型中小企业的企业特点与伙伴选择的核心需求，确保指标的针对性，明确各级指标的内在关系，划出清晰的衡量界限。

第二，系统性。科技型中小企业的结构多为扁平状，各部门之间既相互关联又各有侧重，将其视作一个具有多个独立机构、各项功能相互配合、可以整体运作的综合系统，有助于伙伴选择评价指标体系的构建。

第三，定性与定量相结合。定性指标和定量指标均反映同一备选方案的不同特点，本质上具有统一性和深刻的内在联系，应做到取长补短，发挥出最佳的分析作用。

第四，易操作性。科技型中小企业的孵化、成长和发展是一个复杂的过程，在这一过程中需要综合考虑多方面内涵，设计指标时最大程度地使用已有明确内涵的统计指标作为参考指标，同时确保某些难以量化的指标可以采用模糊方法对其适当地定性分析，以验证整个体系的均衡和完善。

第五，适用性。不同领域和不同行业的科技型中小企业选择的经营方式、专业领域、技术水平衡量标准等不尽相同，特别是创新能力与水平参差不齐，难以直观选择，故应尽可能使评价指标涵盖企业的各个方面，选择有助于综合考虑科技型中小企业产学研协同创新伙伴选择的问题。

6.3.2 评价指标筛选

文献分析法是常用的基础研究方法，通过对符合条件的研究主题或对象的相关文献资料进行分类和归纳，明确研究对象的性质、特点、发展历程和现状。近年来，随着文献数据量的大幅攀升，科学采用文献分析法能够有效提高研究效率。这一研究方法不仅可以用来分析高产作者与研究机构间的合作情况（刘敏等，2016），还可以利用高频关键词组成网络节点，预测该领域内的研究前沿和热点（魏瑞斌，2009）。这对于某一固定研究对象的发展规律、运行机制有明显的揭示作用。

为了客观评价企业协同创新能力，选取不同时期刊发的 30 篇同类型文献进行研究，详细考究现有国内外学者协同创新能力评价体系的构建标准。通过合并同义词或同义项，将表达形式不同而实质相同的同一指标合并为一个，得到一个由 63 个指标构成的创新能力评价体系，如表 6-1 所示。该评价体系涵盖了企业在协同创新过程中投入的人力资本、经济实力、技术水平、市场环境等多个方面。

表 6-1　创新能力评价体系

指标编号	指标内容	频数	指标编号	指标内容	频数	指标编号	指标内容	频数
1	R&D 投入强度（人力）	26	20	技术合同成交额	4	37	标准化水平	3
2	资金投入	27	21	创新激励制度	3	38	销售网络化程度	3
3	技术引进	10	22	技术创新文化氛围	9	39	技术消化吸收率	4
4	R&D 人员比重	13	23	国家级/省级科技奖项数量	4	40	科技成果转化率	3
5	创新成功率	4				41	政府资金比重/产业政策	8
6	专利授权数	19	24	创新内外协同情况	5	42	企业办研发机构数量	7
7	自主创新产品率	3	25	市场环境	10	43	金融机构贷款/信贷资金难易程度	2
8	产品市场占有率	6	26	供应商技术关联度	3			
9	创新产品比重	7	27	客户参与程度	4	44	发明专利申请量	11
10	新产品产值率	11	28	技术风险管理/企业道德风险	6	45	生态环境	1
11	制造水平	9				46	新产品研发项目数	7
12	市场营销能力	11	29	沟通合作能力	5	47	管理者创新素质和能力	1
13	组织能力	14	30	信息收集能力	3			
14	固定资产投资	4	31	创新战略	8	48	创新主动性	1
15	新产品研发经费	8	32	科研设备现状	5	49	知识产权保护	5
16	R&D 人员增长率	2	33	社会效益	1	50	利润总额	3
17	实用技术培训人数	8	34	知识管理	2	51	合作伙伴利益分配	1
18	科技开发合同数	2	35	主要产品更新周期	6	52	合作方创新能力匹配度	1
19	科技论文数	4	36	产品适应性	1			

续表

指标编号	指标内容	频数	指标编号	指标内容	频数	指标编号	指标内容	频数
53	技术可替代性/基础和前沿技术	2	57	冲突解决能力	1	61	高技术产品进出口贸易额	1
			58	地理因素	2			
54	技术难度与复杂度	3	59	举办科普宣讲活动	1	62	研发人才结构	1
55	科技成果就地转化率	1	60	高级人才数量增量	1	63	顾客满意度	1
56	企业制度及核心团队稳定性	1						

首先通过对文献的集中梳理深刻理解各个评价指标中单项的研究内涵，进行数据预处理，然后对创新能力评价体系中的相似项进行归纳和总结。为了尽可能地避免因表达方式不同而造成的误解，通过简单的数据清洗，将众多评价指标初步整理成统一的规范形式，并剔除个别带有特殊考量的指标。例如，宁连举和李萌（2011）的研究对象为中大型工业企业，因此将技术支出细分为引进国外技术支出和购买国内技术支出。考虑到本章提出的模型适用于中小企业，笔者将技术引进作为单项指标，不进行细分。最终形成的结果如表6-1所示。

从表6-1中可以看出，涉及的指标有63个，其中资金投入、R&D投入强度（人力）、专利授权数、组织能力、R&D人员比重、发明专利申请量、新产品产值率、市场营销能力、技术引进、市场环境十项指标出现频数达到了10及以上。将指标信息预处理，生成一个63×63的矩阵，矩阵中对角线上数值表示该项指标出现的频数，横向或纵向相交处的数值表示两个指标出现于同一指标体系的次数，矩阵可以清晰地展示高频指标共现的次数。为了从繁杂多样的文献中快速厘清思路，本部分采用社会网络分析方法，对文献进行简单的可视化处理。网络的实质是指两个主体之间的关联性，社会网络可以理解为不同主体之间社会关系所构成的层次和结构。通过社会网络分析法，能够从微观的角度入手，掌控大规模宏观系统下整体网络的走势和变化方向。社会网络分析方法是根据图论及相应的统计物理学知识形成的定量分析法，在图书情报领域和管理学领域有广泛的应用，常用工具包括 Ucinet、NetMiner、Pajek、Gephi 等。

在文献分析法中，社会网络分析能够借助一些可视化软件来直观表达不同关键因素之间的临近联系法则和知识结构，以便清晰地发现研究对象之间的紧密程度、深刻挖掘潜在的隐含信息，并揭示其在该学科领域内的研究走势。Ucinet 是一款直观且便于操作的软件，能够用于处理矩阵形式的原始数据，其内包括探测凝聚子群和区域、中心性分析、个人网络分析和结构洞分析的网络分析程序，以及聚类分析、多维标度、二模标度、角色和地位分析和拟合中心—边缘模型等基于过程的分析程序，是处理社会网络数据和其他相似数据的常用分析软件。Ucinet 配合 NetDraw、Pajek、Mage 和 KrackPlot 等软件可将数据和处理结果生成可视化图形。

本部分选择 Ucinet 软件研究企业协同创新能力相关指标之间的潜在联系，深层挖掘各个指标对评价体系的影响，以便为结合科技型中小企业特点进行伙伴选择的指标设计奠定一定的基础。通过使用 Ucinet 软件将社会网络分析法引入科技型中小企业协同创新能力评价模型的构建，可以对文本、数据等文件进行预处理，构建可视化网络，加快小型网络数据处理速度（刘军，2009）。由于 Ucinet 软件有着较强的矩阵分析功能，能够快速直观地获取一个领域的相关热点分布（邓君等，2014），因此在社会网络应用分析方面有较好的应用前景。创新评价指标网络关系如图 6-1 所示。

整体网密度是用来衡量网络内部成员之间紧密程度的，它由当前关系总数和理论最大关系数共同决定。在创新评价指标网络关系中，各评价指标之间的地位是平等的，连接关系不存在指向性，构成的 63×63 评价指标矩阵属于对称矩阵，适用于无向关系网。通过计算可得整体网密度为 0.4977。整体网密度的高低表明网络结构的松散状态和各节点之间的亲疏关系。

通过研究各创新评价指标的中心性，能够了解指标所处地位，以及是否受到研究方向或研究对象的特殊性影响，从而构建科学的创新合作伙伴评价体系。节点中心性最直接的衡量指标是点度中心性，反映该节点与其他节点的连接数。根据 Ucinet 软件的计算结果，所有高频指标的点度中心性平均值是 66.35。资金投入、R&D 投入强度（人力）、专利授权数、R&D 人员比重、组织能力、市场环境、新产品产值率、发明专利申请量等关键指标的点度中心性远高于平均点度中心性（见表 6-2），处于网络中的核心地位。这一结论与图 6-1 处于中心位置的指标保持一致，是创新能力评价中被普遍认可的关键指标。

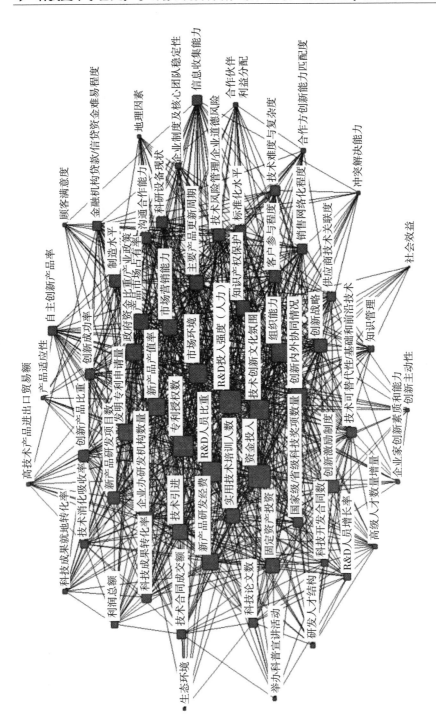

图6-1　创新评价指标网络关系

表 6-2　评价指标体系点度中心性

指标编号	指标内容	绝对中心度	标准化中心度	中心度占比	指标编号	指标内容	绝对中心度	标准化中心度	中心度占比
2	资金投入	283	19.019	0.068	15	新产品研发经费	102	6.855	0.024
1	R&D 投入强度（人力）	274	18.414	0.066	11	制造水平	91	6.116	0.022
6	专利授权数	234	15.726	0.056	42	企业办研发机构数量	88	5.914	0.021
4	R&D 人员比重	163	10.954	0.039	17	实用技术培训人数	87	5.847	0.021
13	组织能力	160	10.753	0.038	9	创新产品比重	84	5.645	0.020
25	市场环境	142	9.543	0.034	46	新产品研发项目数	82	5.511	0.020
10	新产品产值率	127	8.535	0.030	35	主要产品更新周期	81	5.444	0.019
44	发明专利申请量	122	8.199	0.029	24	创新内外协同情况	78	5.242	0.019
12	市场营销能力	121	8.132	0.029	31	创新战略	76	5.108	0.018
22	技术创新文化氛围	119	7.997	0.028	8	产品市场占有率	74	4.973	0.018
3	技术引进	114	7.661	0.027	28	技术风险管理/企业道德风险	70	4.704	0.017
41	政府资金比重/产业政策	113	7.594	0.027	49	知识产权保护	70	4.704	0.017

　　中间中心性是用于评价某个指标是否处于其他指标的连接路径上。若指标处于具有重要作用的核心位置，则中间中心性高，即表明其对相关指标的控制能力强。根据计算结果可知，所有指标的中间中心性平均值为 15.571。资金投入、R&D 投入强度（人力）、专利授权数、技术创新文化氛围、组织能力这些关键指标的中间中心性均远高于平均值，说明它们与其他指标之间存在着中介效应。根据 Ucinet 软件的计算得到的评价指标体系中间中心性如表 6-3 所示。

表 6-3　评价指标体系中间中心性

指标编号	指标内容	中间中心性	标准化中间中心性	指标编号	指标内容	中间中心性	标准化中间中心性
2	资金投入	102.928	5.443	6	专利授权数	71.595	3.786
1	R&D 投入强度（人力）	101.779	5.382	22	技术创新文化氛围	64.192	3.395

续表

指标编号	指标内容	中间中心性	标准化中间中心性	指标编号	指标内容	中间中心性	标准化中间中心性
13	组织能力	48.979	2.590	12	市场营销能力	23.003	1.216
4	R&D 人员比重	47.516	2.513	17	实用技术培训人数	22.795	1.205
25	市场环境	46.357	2.451	42	企业办研发机构数量	20.045	1.060
10	新产品产值率	31.605	1.671	49	知识产权保护	19.887	1.052
41	政府资金比重/产业政策	28.604	1.513	31	创新战略	18.553	0.981
15	新产品研发经费	28.157	1.489	8	产品市场占有率	18.261	0.966
3	技术引进	28.048	1.483	35	主要产品更新周期	17.554	0.928
44	发明专利申请量	27.286	1.443	21	创新激励制度	14.334	0.758
24	创新内外协同情况	26.997	1.428	27	客户参与程度	13.573	0.718
14	固定资产投资	25.654	1.357	28	技术风险管理/企业道德风险	11.246	0.595

接近中心性可表示节点到其他所有点的距离总和，被用来衡量这一节点与其他节点的接近程度。在网络中，如果一个点到其他节点的距离越小，说明这个点受其他节点的制衡越少。评价指标体系接近中心性如表6-4所示，根据模拟计算结果可知，R&D 研发人力投入强度是所有指标中接近中心性最小的指标。除此以外，资金投入、专利授权数等指标的接近中心性也远小于平均接近中心性，说明此类指标与其他关键指标的连接较为紧密。

表6-4 评价指标体系接近中心性

指标编号	指标内容	该点到其他点的距离	接近中心性	指标编号	指标内容	该点到其他点的距离	接近中心性
1	R&D 投入强度（人力）	63	98.413	10	新产品产值率	77	80.519
2	资金投入	63	98.413	15	新产品研发经费	80	77.500
6	专利授权数	67	92.537	24	创新内外协同情况	80	77.500
22	技术创新文化氛围	70	88.571	44	发明专利申请量	80	77.500
4	R&D 人员比重	72	86.111	41	政府资金比重/产业政策	80	77.500
25	市场环境	73	84.932	3	技术引进	81	76.543
13	组织能力	73	84.932	12	市场营销能力	81	76.543

续表

指标编号	指标内容	该点到其他点的距离	接近中心性	指标编号	指标内容	该点到其他点的距离	接近中心性
8	产品市场占有率	82	75.610	31	创新战略	87	71.264
17	实用技术培训人数	83	74.699	27	客户参与程度	89	69.663
35	主要产品更新周期	83	74.699	21	创新激励制度	89	69.663
14	固定资产投资	84	73.810	11	制造水平	89	69.663
49	知识产权保护	84	73.810	46	新产品研发项目数	89	69.663
42	企业办研发机构数量	85	72.941	28	技术风险管理/企业道德风险	89	69.663

横向对比三项中心性指标可以发现，制造水平、创新产品比重、新产品研发项目数虽然有较好的点度中心性，但是在中间中心性上略显不足。固定资产投资、创新激励制度、客户参与程度三项指标的中间中心性比较鲜明，但是点度中心性排名靠后。创新产品比重和新产品研发项目数这两项指标尽管点度中心性排名靠前，但是其中间中心性和接近中心性都不尽如人意，说明仅有部分学者将其视为企业创新能力评价的关键指标，在与其他指标的连接作用中略逊一筹。

通过上述分析可以看出，大量的学者论述了相关的企业创新能力评价指标，研究多集中于网络中心度评分前 20 项的指标。根据 Ucinet 软件计算结果可以得知，在以关键词"资金投入""R&D 研发投入（人力）""专利授权数""创新文化氛围"等为核心的指标网络中，主要形成了四大部分：一是关于企业创新自主研发能力，以研发人员结构比重、发明专利申请数、专利授权数、创新氛围为代表；二是关于 R&D 基础条件，包括投入的经费强度、技术强度和人力资本等；三是关于综合管理能力，包括创新的协同性、组织能力、创新战略等；四是关于营销能力，涉及企业的产品市场占有率、市场营销能力等。除此之外，还有一些指标近年来也受到学术界的广泛关注，如涉及企业道德风险的技术风险管理、知识产权保护及政府对产业政策的引导作用等。

通过构建创新能力评价指标网络可以直观看出，评价科技型中小企业创新能力不仅局限于企业自身的研发能力，还需综合考量企业涉及的与外部资源相互协作过程中的配合能力，尤其是组织管理和营销能力方面。全方面关注企业创新能力评价指标，有助于科技型中小企业选择与之成长阶段相匹配的产学研协同创新伙伴。

6.3.3 评价指标体系构建

基于协同创新能力评价的研究分析，结合科技型中小企业特质，本书构建了由 5 个一级指标和 20 个二级指标构成的产学研协同创新伙伴选择评价指标体系，如表 6-5 所示。

表 6-5 科技型中小企业产学研协同创新伙伴选择评价指标体系

一级指标	二级指标	指标符号	一级指标	二级指标	指标符号
创新基础条件（W_1）	研发经费投入强度	W_{11}	综合管理能力（W_3）	创新战略	W_{31}
	科研装备	W_{12}		管理者社会资本	W_{32}
	技术引进程度	W_{13}		创新内外协同情况	W_{33}
	技术人员投入程度	W_{14}		组织能力	W_{34}
	技术匹配程度	W_{15}	创新推广能力（W_4）	产品市场占有率	W_{41}
自主研发能力（W_2）	R&D 人员结构比重	W_{21}		产业扶持政策	W_{42}
	新产品研发周期	W_{22}		市场营销能力	W_{43}
	发明专利申请情况	W_{23}	创新风险管理能力（W_5）	企业道德风险	W_{51}
	技术共享能力	W_{24}		企业声誉	W_{52}
	创新文化氛围	W_{25}		知识产权保护意识	W_{53}

创新基础条件方面，研发经费投入强度是指研发经费与生产总值的比重，技术人员投入程度是指创新团队中从事技术研究的人员比重，两者可以在一定程度上从财力、人力两方面反映企业的研发投入情况。研发经费包括新产品设计费、新工艺规程制定费以及与研发活动直接相关的技术图书资料费、资料翻译费等。研发经费投入强度能够间接反映企业对创新的重视程度和对新兴技术、工艺、产品的接纳程度。科研装备是制约科技型中小企业发展的关键因素，也是衡量企业实验试制条件的重要指标。技术引进是企业向外部研发团队直接获取技术以满足自身需求，其程度反映了外包技术与企业自主研发成果的比例。技术引进程度高的企业在协同创新过程中更倾向于通过支付报酬汲取适宜自身发展的成熟技术，相比于攻坚克难的自主研发，这具有更大的便利性和时间优势。但技术引进对外部资源有一定的依赖性，会增加潜在创新风险。技

术匹配程度衡量在特定的合作项目或技术应用场景中，不同技术之间相互适应、协同工作以及功能互补的契合水平。较高的技术匹配程度能够促进不同技术之间的协同创新和融合发展，提高技术创新的效率和质量，推动产业升级和转型发展；反之则导致技术创新过程中的不协调、不兼容等问题。

自主研发能力方面，发明专利申请情况主要表明企业在协同创新开展前自主创新的成果与技术，在一定程度上反映企业的自主研发能力。R&D人员结构比重涉及人员素质、人员比重及从业经验等人才结构。不断优化科技人力资源的结构有助于企业充分合理发挥科研的力量，结合人才成长规律，避免出现大材小用的情形。新产品研发周期和技术共享能力代表企业是否能够保持创新活力、注重研发，尤其是对围绕产品的基础研究或关键技术研究的重视程度。协同创新伙伴还需要就其知识储备进行交流和沟通，进而共享关键技术和相关成果。不同伙伴的技术或专利能够形成上下游关系或促进技术扩展，对其充分利用能够以最小的创新成本突破现有的技术问题。同时，若相似或可替代技术的重叠智力成本较高，则伙伴之间的相互学习效应较弱（Naveh，2005）。除此以外，创新文化氛围是促进技术人员研发积极性提升的主要诱因，包容开放的创新文化氛围是技术团队与研发部门积极向上的关键要素。自主创新过强的企业可能存在潜在的过度自信的研发风险。

管理团队的综合管理能力也是衡量企业创新能力的重要标准：创新战略影响管理者的创新意愿，很大程度上决定了企业间合作的主观能动性和积极性；管理者的社会资本是影响伙伴选择的重要因素之一；创新内外协同情况会影响信息传达的时效性和决策执行的力度；组织能力的综合素质决定组织架构的稳定性。

伙伴的创新推广能力也是选择时的重要参考。创新伙伴彼此对同类产品的市场认知相匹配，说明双方在该项技术领域有共同的话语权，能够更好地督促协同过程保持一致性，为双方技术研发打下良好的基础。市场环境往往受到不可控因素的影响，突发性变动可能给技术创新带来具有时滞性的潜在风险因素，考察伙伴的市场营销能力可以判断合作伙伴双方是否能够取长补短，达成稳定的双赢局面。产品市场占有率能够反映企业产品在市场上的竞争地位和影响力，在某种程度上可预测创新成果的市场接受度与商业潜力。产业扶持政策具有重要的宏观战略意义，政府通过补贴形式可以有效地引导区域创新方向，优化资源配置，促进区域内产业形成集群。对于科技型中小企业而言，它们在产业政策或政府扶持下能够更好地快速成长，规避技术创新风险，获得更多收益。

此外，在创新风险管理能力指标中选取了企业道德风险、企业声誉和知识产权保护意识，以判断企业对自身风险及外部风险的敏感程度，进而规避伙伴由于单方面知识产权漏洞或企业技术风险管理不到位而造成集体损失。

6.4 基于前景理论的协同创新伙伴选择综合评价模型

6.4.1 多粒度犹豫模糊模型描述

在一项犹豫模糊多属性决策中，假设涉及涵盖 p 个科技型中小企业伙伴备选方案的方案集 $X=\{x_1, x_2, \cdots, x_p\}(i=1, 2, \cdots, p)$ 和 q 个伙伴协同创新能力评价属性的属性集 $Z=\{z_1, z_2, \cdots, z_q\}(j=1, 2, \cdots, q)$。由于该项决策具有复杂性和不确定性，其权重集 $\omega=\{\omega_1, \omega_2, \cdots, \omega_q\}$ 未知，满足 $\omega_j \in [0, 1]$，且 $\sum_{j=1}^{q}\omega_j=1$。

决策者作为有限理性人，对该项目做出的判断受自身知识背景和熟悉程度的影响，不可避免会对部分属性评估值存在疑虑。采用犹豫模糊集，将决策者给出方案 x_i 在属性 z_j 上的属性值为 H_{ij}，其表示方法如下：

$$H_{ij}=H\{X_{ij}^1, X_{ij}^2, \cdots, X_{ij}^{l_{ij}}\} \tag{6-1}$$

其中，H 为多粒度犹豫模糊集，l_{ij} 为多粒度元素个数，X_{ij}^l 为模糊评价结果。

假设科技型中小企业要从一组伙伴中选择最适宜的，根据数据采集或采用较细粒度的犹豫模糊语言术语，请专家、用户和其他伙伴对指标进行描述，可将其表达为多粒度犹豫模糊语言术语集，即

$$\begin{bmatrix} H_{X_1}^{11} & H_{X_1}^{12} & \cdots & H_{X_1}^{1q} \\ H_{X_2}^{21} & H_{X_2}^{22} & \cdots & H_{X_2}^{2q} \\ \vdots & \vdots & \ddots & \vdots \\ H_{X_p}^{p1} & H_{X_p}^{p2} & \cdots & H_{X_p}^{pq} \end{bmatrix} \qquad (6-2)$$

其中，$H_{X_i}^{ij} = \{ X_{ij}^l \mid X_{ij}^l \in H_i \}$ 为多粒度犹豫模糊语言术语集，H_i 为第 i 个方案的犹豫模糊语言集。

TOPSIS 法是根据有限个评价对象与理想化目标的接近程度进行排序的方法，是在现有的对象中进行相对优劣的评价。在 TOPSIS 法中有四种归一化方法最为人熟知：①向量标准化法；②线性转化法（Max-Min）；③线性转化法（Max）；④线性转化法（Sum）（Çelen，2014）。计算方法和特点如表 6-6 所示。

表 6-6　归一化方法的比较

方法名称	计算方法		方法特点
	收益分析	成本分析	
向量标准化法	$n_{ij} = \dfrac{x_{ij}}{\sqrt{\sum_{i=1}^{p} x_{ij}^2}}$	$n_{ij} = \dfrac{1/x_{ij}}{\sqrt{\sum_{i=1}^{p}\left(1/x_{ij}^2\right)}}$	将所有属性转换为无量纲的；具有不相等的刻度长度
线性转化法（Max-Min）	$n_{ij} = \dfrac{x_{ij} - x_j^{min}}{x_j^{max} - x_j^{min}}$	$n_{ij} = \dfrac{x_j^{max} - x_{ij}}{x_j^{max} - x_j^{min}}$	尺度转换与结果不成正比
线性转化法（Max）	$n_{ij} = \dfrac{x_{ij}}{x_j^{max}}$	$n_{ij} = 1 - \dfrac{x_{ij}}{x_j^{max}}$	以线性方式转化
线性转化法（Sum）	$n_{ij} = \dfrac{x_{ij}}{\sum_{i=1}^{p} x_{ij}}$	$n_{ij} = \dfrac{1/x_{ij}}{\sum_{i=1}^{p} 1/x_{ij}}$	元素之和为 1

通过比较这四种方法可以看出：向量标准化法的优点是将所有属性转换为无量纲的，从而使属性间更容易比较，但它有一个缺点，即标度长度不相等，导致难以进行直接比较；线性转化法（Max-Min）的优点是每个属性的比例度量精确地介于 0 和 1，但缺点是比例变换与结果不成比正；线性转化法（Max）和线性转化法（SUM）可以保证结果的线性变换，其中线性转化法（Max）能更好地反映元素之间的对比度，突出方案的优缺点。因此，在模糊

矩阵的归一化过程中，选择线性转化法（Max）。

6.4.2　犹豫模糊熵权法计算权重

在面临相似或相近类型备选伙伴时，考虑未知权重的求解方法能够更加准确地对备选伙伴作出评价。在模糊的约束条件下，可以利用客观赋权法计算属性权重。多粒度犹豫模糊熵 $E(H_s)$ 计算方法如下：

$$E(H_s) = -\frac{1}{L\ln 2} \sum_{j=1}^{L} \left[\begin{array}{l} \dfrac{X_{\rho(j)} + X_{\rho(L-j+1)}}{2k} \cdot \ln \dfrac{X_{\rho(j)} + X_{\rho(L-j+1)}}{2k} + \\ \left(1 - \dfrac{X_{\rho(j)} + X_{\rho(L-j+1)}}{2k} \right) \cdot \ln \left(1 - \dfrac{X_{\rho(j)} + X_{\rho(L-j+1)}}{2k} \right) \end{array} \right]$$

$$(6-3)$$

其中，$X_{\rho(j)}$ 为第 j 个模糊语言粒度值，$j = 1, 2, \cdots, L$；L 为方案某一属性评价粒度数量；$\rho(j)$ 为某一属性大小排列序号；k 为集合粒度。

依据式（6-3）所示犹豫模糊熵计算各评价指标的熵 E_j 如下：

$$E_j = \frac{1}{p} \sum_{i=1}^{p} \left[1 - E(H_s) \right] \tag{6-4}$$

由信息熵理论可知，计算求得的熵值大小反映了该项评价指标的重要程度（王翔，2015）。因此，采用式（6-5）所示熵权计算方法对第 j 个评价指标的熵值求解，评价其重要度。

$$\omega_j = \frac{1 - E_j}{\sum_{j=1}^{q} (1 - E_j)} \tag{6-5}$$

用主观修正权重系数 $\delta_j (j = 1, 2, \cdots, q)$ 表示决策者对指标集中指标的不同偏好，并进一步修正熵权，能够得到较准确的各评价指标熵权 ω_j^*，计算方法如下：

$$\omega_j^* = \frac{\delta_j \omega_j}{\sum_{j=1}^{q} \delta_j \omega_j}, \quad (j = 1, 2, \cdots, q) \tag{6-6}$$

6.4.3　多粒度语言标度方法及广义距离

6.4.3.1　多粒度语言标度方法

多粒度语言标度为 r 粒度的犹豫模糊语言信息可通过式（6-7）表示。

$$X^r = \{x_0^r, \ x_1^r, \ x_2^r, \ \cdots, \ x_{r-1}^r\} \tag{6-7}$$

当 $r = 5$ 时，为五粒度语言标度，可表示为 $X^5 = \{x_0^5, \ x_1^5, \ x_2^5, \ \cdots, \ x_4^5\}$，代表的语言集合为 {很差，差，一般，良好，优秀}；当 $r = 7$ 时，为七粒度语言标度，可表示为 $X^7 = \{x_0^7, \ x_1^7, \ x_2^7, \ \cdots, \ x_6^7\}$，代表的语言集合为 {极差，很差，差，中，好，很好，极好}；当 $r = 9$ 时，为七粒度语言标度，可表示为 $X^9 = \{x_0^9, \ x_1^9, \ x_2^9, \ \cdots, \ x_8^9\}$，代表的语言集合为 {绝对差，极差，差，中差，中，中好，好，极好，绝对好}。

6.4.3.2　正负理想解计算

犹豫模糊集分别为每个指标中最大、最小评估值的集合，正负理想解 X^+ 和 X^- 计算方法如下：

$$
\begin{aligned}
H^+ = & \{\{X_j, \ \max_{i=1}^{p}\langle X_{ij}^\varepsilon\rangle \,|\, j \in J_1, \ \varepsilon \in [1, \ L]\}, \\
& \{X_j, \ \min_{i=1}^{p}\langle X_{ij}^\varepsilon\rangle \,|\, j \in J_2, \ \varepsilon \in [1, \ L]\}\} \\
= & \{X_j, \ H\{(X_{ij}^1)^+, \ (X_{ij}^2)^+, \ \cdots, \ (X_{ij}^L)^+\}\}, \\
& \{X_j, \ H\{(X_{ij}^1)^-, \ (X_{ij}^2)^-, \ \cdots, \ (X_{ij}^L)^-\}\}
\end{aligned} \tag{6-8}
$$

$$
\begin{aligned}
H^- = & \{\{X_j, \ \min_{i=1}^{p}\langle X_{ij}^\varepsilon\rangle \,|\, j \in J_1, \ \varepsilon \in [1, \ L]\}, \\
& \{z_j, \ \max_{i=1}^{p}\langle X_{ij}^\varepsilon\rangle \,|\, j \in J_2, \ \varepsilon \in [1, \ L]\}\} \\
= & \{X_j, \ H\{(X_{ij}^1)^-, \ (X_{ij}^2)^-, \ \cdots, \ (X_{ij}^L)^-\}\}, \\
& \{X_j, \ H\{(X_{ij}^1)^+, \ (X_{ij}^2)^+, \ \cdots, \ (X_{ij}^L)^+\}\}
\end{aligned} \tag{6-9}
$$

其中，J_1 为效益性指标，J_2 为成本性指标 $i = 1, \ 2, \ \cdots, \ p$，$j = 1, \ 2, \ \cdots, \ q$，$\varepsilon = 1, \ 2, \ \cdots, \ L$，$X_j$ 为方案第 j 个属性理想解。

6.4.3.3　多粒度广义距离计算方法

假设 $X = \{x_1, \ x_2, \ \cdots, \ x_p\}\,(i = 1, \ 2, \ \cdots, \ p)$ 和 $X' = \{x_1, \ x_2, \ \cdots, \ x_{p'}\}\,(i = 1, \ 2, \ \cdots, \ p')$ 为两个多粒度语言集合，则集合 X 和 X' 的粒度分别为 p 和 p'。假设 $H_X^M(x_i) = \{\rho_j^M(x_i)\,|\,\rho_j^M(x_i) \in X\}$ 且 $H_{X'}^M(x_i) = \{\rho_j^M(x_i)\,|\,\rho_j^M(x_i) \in X'\}$ 为定义在 $X = \{x_1, \ x_2, \ \cdots, \ x_p\}\,(i = 1, \ 2, \ \cdots, \ p)$ 上的犹豫模糊集。

在 TOPSIS 法中，Alaoui（2021）进行了案例分析，发现五种常用距离计算方法的评价结果是稳定的，计算方法如表 6-7 所示。

表6-7 评价方案与理想解距离的计算方法

距离度量	d_i^+ 定义	d_i^- 定义
欧几里得距离	$d_i^+ = \sqrt{\sum_{j=1}^{q} (z_{ij} - z_j^+)^2}$	$d_i^- = \sqrt{\sum_{j=1}^{q} (z_{ij} - z_j^-)^2}$
曼哈顿距离	$d_i^+ = \sum_{j=1}^{q} \lvert z_{ij} - z_j^+ \rvert$	$d_i^- = \sum_{j=1}^{q} \lvert z_{ij} - z_j^- \rvert$
洛伦兹距离	$d_i^+ = \sum_{j=1}^{q} \ln(1 + \lvert z_{ij} - z_j^+ \rvert)$	$d_i^- = \sum_{j=1}^{q} \ln(1 + \lvert z_{ij} - z_j^- \rvert)$
杰卡德距离	$d_i^+ = \dfrac{\sum_{j=1}^{q} (z_{ij} - z_j^+)^2}{\sum_{j=1}^{q} (z_{ij} + z_j^+)^2 - z_{ij} z_j^+}$	$d_i^- = \dfrac{\sum_{j=1}^{q} (z_{ij} - z_j^-)^2}{\sum_{j=1}^{q} (z_{ij} + z_j^-)^2 - z_{ij} z_j^-}$
Dice 距离	$d_i^+ = \dfrac{\sum_{j=1}^{q} (z_{ij} - z_j^+)^2}{\sum_{j=1}^{q} z_{ij}^2 + \sum_{j=1}^{q} (z_j^+)^2}$	$d_i^- = \dfrac{\sum_{j=1}^{q} (z_{ij} - z_j^-)^2}{\sum_{j=1}^{q} z_{ij}^2 + \sum_{j=1}^{q} (z_j^-)^2}$

五种距离计算方法各有特点，通过比较可以看出，欧几里得距离和曼哈顿距离的计算方法比较简单。因此，评价方案与理想解之间的距离可以更简洁、直接地计算出来，满足科技型中小企业产学研协同创新伙伴选择评价要求。曼哈顿距离更适合高维数据，但不如欧几里得距离直观。此外，曼哈顿距离与欧几里得距离相比较易给出更大的距离值。欧几里得距离可以理解为连接两点的线段的长度，虽然会因特征的单位变化而产生偏差，但是数据经过归一化后，这一缺陷可以得到有效弥补。综上所述，本章涉及的科技型中小企业产学研协同创新伙伴选择综合评价体系研究的矩阵维数相对较小，因此选择欧几里得距离进行计算更为合适。

根据欧几里得距离的含义可知，模糊集 H_X^M 和 $H_{X'}^M$ 在第 i 个属性上的距离 $D_{ld}(H_X^M, H_{X'}^M)$ 如下：

$$D_{ld}(H_X^M, H_{X'}^M) = \sqrt{\frac{1}{L} \sum_{j=1}^{L} \left(\frac{\rho_j^M(x_i)}{p} - \frac{\rho_j^N(x_i)}{p'} \right)^2} \qquad (6\text{-}10)$$

其中，j 为犹豫模糊集合中第 i 个属性中元素序号，$j=1, 2, \cdots, L$；L 为 x_i 属性中元素个数；$\rho_j^M(x_i)$ 为 x_i 属性中第 j 大的元素。

在欧几里得距离的基础上对犹豫模糊距离进行推广，可得到两种距离的通用表达式，则模糊集 H_X^M 和 $H_{X'}^N$ 之间的距离 $D_T(H_X^M, H_{X'}^N)$ 的计算方法如下：

$$D_T(H_X^M, H_{X'}^N) = \left[\frac{1}{L} \sum_{j=1}^{L} \left| \frac{\rho_j^M(x_i)}{p} - \frac{\rho_j^N(x_i)}{p'} \right|^{\chi} \right]^{\frac{1}{\chi}} \qquad (6-11)$$

其中，χ 为正整数，$D_T(H_X^M, H_{X'}^N)$ 为两个模糊集之间的距离。

6.4.4　基于前景理论的协同创新伙伴选择评价流程

针对科技型中小企业产学研协同创新伙伴选择过程中可能存在的决策问题，通过熵权法和改进前景理论多属性决策方法对方案排序。科技型中小企业产学研协同创新伙伴选择综合评价流程如图 6-2 所示。

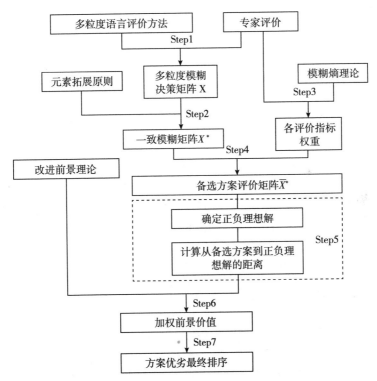

图 6-2　科技型中小企业产学研协同创新伙伴选择评价流程

（1）采用多粒度语言对指标进行评分，并依据式（6-2）构建标准化模糊决策矩阵。

（2）将矩阵中的模糊数组元素增序排列，然后结合拓展规则对矩阵中的元素个数进行增补，从而得到各指标评价数量一致的模糊决策矩阵 X^*。

（3）将信息熵的概念应用到犹豫模糊理论中，通过得到的模糊熵计算评价指标中的权重。在权重未知的情况下通过式（6-3）至式（6-6）得到较准确的权重。

（4）结合式（6-8）和式（6-9）求解模糊评价矩阵的正理想解 H^+ 和负理想解 H^-。

（5）求解各个方案与正负理想解之间的距离。方案 z_i 到正负理想解之间的距离分别通过 $D(H_i, H^+)$ 和 $D(H_i, H^-)$ 表示，如式（6-12）和式（6-13）所示。

$$D(H_i, H^+) = \{d_E(H_{i1}, H_1^+), d_E(H_{i2}, H_2^+), \cdots, d_E(H_{iq}, H_q^+)\}, \ i = 1,$$
$$2, \cdots, p \tag{6-12}$$

$$D(H_i, H^-) = \{d_E(H_{i1}, H_1^-), d_E(H_{i2}, H_2^-), \cdots, d_E(H_{iq}, H_q^-)\}, \ i = 1,$$
$$2, \cdots, p \tag{6-13}$$

（6）由式（2-2）中价值函数的意义可得到各个方案相对于参考点的收益情况，各方案相对于正理想解为利益损失，相对于负理想解为利益获得，利益损失和获得计算方法分别如式（6-14）和式（6-15）所示。

$$\{V_{ij}^-[D(H_i, H^+)]\} = \{-\theta[d_E(H_{ij}, H_j^+)]^\beta\}_{p \times q} \tag{6-14}$$

$$\{V_{ij}^+[D(H_i, H^+)]\} = \{\varphi[d_E(H_{ij}, H_j^-)]^\alpha\}_{p \times q} \tag{6-15}$$

（7）计算各个方案的损失收益比，除了通过贴近度结果对方案进行优劣排序以衡量各个方案优劣的标准，还可以通过前景理论的收益损失比 S_i 衡量，收益损失比 S_i 越大，则方案越好。收益损失比的计算方法如下：

$$S_i = \frac{\left| \sum_{j=1}^{p} V_{ij}^+[D(H_i, H^+)] \right|}{\left| \sum_{j=1}^{p} V_{ij}^-[D(H_i, H^+)] \right|} \tag{6-16}$$

6.5 科技型中小企业产学研协同创新伙伴选择的算例分析

6.5.1 背景描述

某企业 A 是高校院所专业技术人员与其余创始人团队成员构建的、以技术为导向的科技型中小企业，成立于 2004 年，主要从事环保节能管理及技术开发、能源效率监测、节能评估咨询、能源项目计算机软硬件的技术开发等相关领域的研究。企业 A 属于技术含量较高、符合产业政策扶持的典型科技型中小企业，企业创始团队有较高水平的技术知识和多年的相关从业经验，因此该类企业也是山西省转型发展中能够迅速成长壮大的中坚力量。为便于比较分析，对案例企业在管理者社会资本、风险偏好和伙伴选择等方面进行客观描述和详细分析。

企业 A 研发团队初期以享有专利技术的股东成员为核心，对外招聘辅助研发团队成员，随着项目不断升级和领域扩张，逐步成熟。前期初始项目为永磁节能电机的设计制造，通过与山西某专业研发、制造三相异步电动机的老牌国有企业合作，完成前期的试验试制阶段的工作，后期通过技术转让和技术授权获利。项目结束后，企业 A 成为具有一定规模和知名度的科技型中小企业，曾参与多项合作研发项目，包括多项新能源领域的研发试制项目。目前，研发涉及协同创新和自主创新两种方式，与省内高校院所合作研发项目约占 30%，跨国参与合作研发项目约占 20%，其余为自主研发项目。

科技型中小企业 A 创始初期有一定的自有技术或专利作为依托，围绕领域内的相关项目展开研究。管理者社会资本和技术领域内相关知识储备起到重要作用。同时，由于企业自有技术成熟，与同质企业伙伴关系薄弱，企业 A 创始团队与高校院所存在强有力的伙伴关系，在人员的供需方面比较合理，能充分发挥人才优势。

企业 A 的管理者在新能源领域有较好的知识背景，对其未来发展方向较为乐观。企业 A 曾与山西焦煤集团、太原理工大学化学与化工学院合作研发新能源电池，项目周期长达 5~6 年，先后超过投资 300 万元，最终研发项目因电池存在潜在风险，难以投入市场而宣告失败。先前的研发经验证明，科技型中小企业 A 的管理者有明显的冒险型风险态度，在决策研发中乐于投入高风险创新活动。企业 A 的管理者认为，高风险研发项目是新技术新能源领域不可避免的投资，多数研发项目不能通过前期调研评估所有的技术风险，即使在理论上接近成熟、在实验室运行情况良好，仍会面临反复实验或难以将成果投入市场的风险。

现阶段企业 A 面临从 x_1、x_2、x_3、x_4 四个备选方案中选择产学研协同创新伙伴，由于涉及具有探索性的新能源技术研发，项目不确定风险较大，方案可能涉及多个不同类型伙伴。科学考量四个伙伴选择方案的利弊，聘请专家对备选方案进行评估，通过上述评价体系展开评价，运用多粒度语言标度方法得到犹豫模糊决策矩阵元素，如表6-8所示。

表6-8　多粒度犹豫模糊决策矩阵元素

	x_1	x_2	x_3	x_4
W_{11}	(X_3^7, X_4^7, X_5^7)	(X_2^5, X_3^5)	(X_4^9, X_5^9, X_6^9)	(X_5^9, X_6^9, X_7^9)
W_{12}	(X_3^7, X_4^7)	(X_1^5, X_2^5)	(X_3^9, X_4^9, X_5^9)	(X_6^9, X_7^9, X_8^9)
W_{13}	(X_5^7, X_6^7)	(X_3^5, X_4^5)	(X_5^9, X_6^9)	(X_7^9, X_8^9)
W_{14}	(X_2^7, X_3^7, X_4^7)	(X_2^5, X_3^5, X_4^5)	(X_4^9)	(X_5^9, X_6^9, X_7^9)
W_{15}	(X_5^7, X_6^7)	(X_3^5, X_4^5)	(X_2^9, X_3^9, X_4^9)	(X_4^9, X_5^9)
W_{21}	(X_6^7)	(X_4^5)	(X_4^9, X_5^9, X_6^9)	(X_5^9, X_6^9, X_7^9)
W_{22}	(X_4^7, X_5^7, X_6^7)	(X_2^5, X_3^5)	(X_4^9)	(X_6^9, X_7^9)
W_{23}	(X_4^7, X_5^7)	(X_1^5, X_2^5, X_3^5)	(X_2^9, X_3^9, X_4^9)	(X_3^9, X_4^9, X_5^9)
W_{24}	(X_5^7, X_6^7)	(X_2^5, X_3^5)	(X_7^9, X_8^9)	(X_5^9, X_6^9)
W_{25}	(X_2^7, X_3^7, X_4^7)	(X_4^5)	(X_3^9, X_4^9)	(X_6^9)
W_{31}	(X_3^7)	(X_3^5, X_4^5)	(X_6^9, X_7^9, X_8^9)	(X_5^9, X_6^9, X_7^9)
W_{32}	(X_3^7, X_4^7, X_5^7)	(X_4^5)	(X_3^9)	(X_4^9, X_5^9)
W_{33}	(X_4^7, X_5^7)	(X_3^5, X_4^5)	(X_8^9)	(X_4^9, X_5^9)
W_{34}	(X_4^7, X_5^7, X_6^7)	(X_2^5, X_3^5, X_4^5)	(X_7^9)	(X_2^9, X_3^9, X_4^9)
W_{41}	(X_5^7, X_6^7)	(X_3^5, X_4^5)	(X_6^9, X_7^9, X_8^9)	(X_4^9, X_5^9)
W_{42}	(X_2^7)	(X_3^5)	(X_4^9, X_5^9, X_6^9)	(X_1^9, X_2^9, X_3^9)
W_{43}	(X_3^7, X_4^7, X_5^7)	(X_2^5, X_3^5)	(X_8^9)	(X_6^9, X_7^9)
W_{51}	(X_3^7)	(X_2^5, X_3^5, X_4^5)	(X_6^9, X_7^9, X_8^9)	(X_3^9, X_4^9, X_5^9)
W_{52}	(X_3^7, X_4^7)	(X_2^5, X_3^5)	(X_7^9, X_8^9)	(X_5^9, X_6^9)
W_{53}	(X_1^7, X_2^7, X_3^7)	(X_4^5)	(X_8^9)	(X_3^9, X_4^9, X_5^9)

6.5.2　权重计算

将表6-8内所有元素进行增序排列和元素拓展，得到数量一致的模糊矩阵

X^*。之后通过式（6-3）至式（6-6）计算未知权重，得到较准确的权重 ω^* 如下：

$$\omega^* = \begin{bmatrix} 0.0155, & 0.0428, & 0.1130, & 0.0155, & 0.0696, & 0.0896, & 0.0414, \\ 0.0249, & 0.0939, & 0.0376, & 0.0486, & 0.0354, & 0.0735, & 0.0446, \\ 0.0699, & 0.0379, & 0.0669, & 0.0133, & 0.0236, & 0.0425 \end{bmatrix}^T$$

6.5.3 正负理想解及各方案距离

通过式（6-8）和式（6-9）得到模糊正理想解 H^+ 和负理想解 H^-，如表 6-9 所示。

表 6-9 犹豫模糊语言正负理想解

	负理想解（X^-）	正理想解（X^+）		负理想解（X^-）	正理想解（X^+）
W_{11}	(0.0062, 0.0086, 0.0093)	(0.0086, 0.0103, 0.0121)	W_{31}	(0.0208, 0.0208, 0.0208)	(0.0324, 0.0389, 0.0432)
W_{12}	(0.0086, 0.0171, 0.0171)	(0.0286, 0.0333, 0.0381)	W_{32}	(0.0118, 0.0118, 0.0118)	(0.0283, 0.0283, 0.0283)
W_{13}	(0.0628, 0.0753, 0.0753)	(0.0879, 0.1005, 0.1005)	W_{33}	(0.0327, 0.0408, 0.0408)	(0.0653, 0.0653, 0.0653)
W_{14}	(0.0044, 0.0066, 0.0069)	(0.0086, 0.0103, 0.0124)	W_{34}	(0.0099, 0.0149, 0.0198)	(0.0347, 0.0347, 0.0382)
W_{15}	(0.0155, 0.0232, 0.0309)	(0.0497, 0.0597, 0.0597)	W_{41}	(0.0311, 0.0388, 0.0388)	(0.0499, 0.0599, 0.0621)
W_{21}	(0.0398, 0.0498, 0.0597)	(0.0768, 0.0768, 0.0768)	W_{42}	(0.0042, 0.0084, 0.0108)	(0.0227, 0.0227, 0.0253)
W_{22}	(0.0166, 0.0184, 0.0184)	(0.0276, 0.0322, 0.0355)	W_{43}	(0.0268, 0.0382, 0.0401)	(0.0594, 0.0594, 0.0594)
W_{23}	(0.0050, 0.0083, 0.0111)	(0.0142, 0.0178, 0.0178)	W_{51}	(0.0044, 0.0057, 0.0057)	(0.0089, 0.0104, 0.0118)
W_{24}	(0.0375, 0.0563, 0.0563)	(0.0730, 0.0834, 0.0834)	W_{52}	(0.0094, 0.0135, 0.0135)	(0.0183, 0.021, 0.021)
W_{25}	(0.0107, 0.0161, 0.0167)	(0.0301, 0.0301, 0.0301)	W_{53}	(0.0061, 0.0121, 0.0182)	(0.0377, 0.0377, 0.0377)

分别通过式（6-12）和（6-13）计算得到各个方案到正负理想解之间的距离 $D(H_i, H^+)$ 和 $D(H_i, H^-)$，如表6-10所示。

表6-10　各个方案到正负理想解的距离

	x_1		x_2		x_3		x_4	
	正理想解距离	负理想解距离	正理想解距离	负理想解距离	正理想解距离	负理想解距离	正理想解距离	负理想解距离
W_{11}	0.0015	0.0011	0.0022	0.0004	0.0017	0.0007	0	0.0023
W_{12}	0.0111	0.0082	0.0192	0	0.0143	0.0052	0	0.0192
W_{13}	0.0051	0.0204	0.0142	0.0126	0.0251	0	0	0.0251
W_{14}	0.0038	0.0011	0.0015	0.0037	0.0039	0.0014	0.0002	0.0044
W_{15}	0	0.0333	0.0056	0.0280	0.0333	0	0.0203	0.0134
W_{21}	0	0.0282	0.0051	0.0234	0.0282	0	0.0189	0.0100
W_{22}	0.0027	0.0125	0.0098	0.0053	0.0138	0.0011	0.0019	0.0130
W_{23}	0	0.0086	0.0072	0.0024	0.0084	0.0003	0.0057	0.0030
W_{24}	0.0042	0.0261	0.0302	0	0	0.0302	0.0209	0.0099
W_{25}	0.0146	0.0028	0	0.0158	0.0149	0.0011	0.0050	0.0109
W_{31}	0.0179	0	0.0031	0.0155	0.0006	0.0176	0.0058	0.0124
W_{32}	0.0091	0.0094	0	0.0165	0.0165	0	0.0101	0.0068
W_{33}	0.0171	0.0109	0.0134	0.0161	0	0.0275	0.0275	0
W_{34}	0.0056	0.0170	0.0109	0.0123	0.0020	0.0202	0.0212	0
W_{41}	0.0013	0.0204	0.0063	0.0153	0.0037	0.0185	0.0212	0
W_{42}	0.0128	0.0041	0.0015	0.0152	0.0035	0.0133	0.0154	0.0010
W_{43}	0.0226	0.0045	0.0246	0.0011	0	0.0251	0.0105	0.0147
W_{51}	0.0048	0.0007	0.0026	0.0032	0	0.0051	0.0044	0.0010
W_{52}	0.0077	0.0004	0.0076	0.0005	0	0.0080	0.0052	0.0028
W_{53}	0.0261	0	0.0038	0.0224	0	0.0261	0.0193	0.0068

6.5.4   加权前景价值及方案排序

根据前景理论中价值函数的意义可以看出：备选方案以正理想解为参考点体现损失价值，以负理想解为参考点体现收益价值。曾建敏（2007）对中山大学38名研究生重现 Tversky 的实验，利用20道获得型题目和20道损失型题目进行取样，该研究在中国实验中取得了部分相悖的结论，发现同样的实验程序下 α、β 的取值可以大于1。价值函数的指数大于1，表明可以获得渐强的敏感性。因此，累积前进理论用于中国经济学模型的基本假设是可作出适当调整的，造成这一现象的原因是实验数据并不完全符合中国国情。

马健和孙秀霞（2011）则认为差异并非由中美差别造成，而是在参数取值方面有改进的空间，因而提出三种不同类型的风险态度：冒险型（$0<\alpha$、$\beta<1$）、中间型（$\alpha=\beta=1$）和保守型（$\alpha>1$、$\beta>1$）。更多学者在此研究的基础上做出探讨，三种不同风险态度的前景理论价值函数如图6-3所示。冒险型管理者在面临收益时采取风险规避的态度，在面临损失时是风险偏好的态度；保守型科技型中小企业管理者对收益采取风险偏好态度，对损失采取风险规避态度。

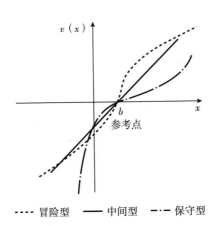

图 6-3   三种不同风险态度的前景理论价值函数

鉴于此，本章同样根据管理者持有三种不同类型的风险态度设计价值函数参数取值分别为冒险型（$0<\alpha$、$\beta<1$）、中间型（$\alpha=\beta=1$）和保守型（$\alpha>1$、$\beta>1$）。令 $\alpha=\beta=0.88$ 为冒险型；$\alpha=\beta=1.21$ 为保守型。根据式（6-14）和式

（6-15）分别计算各方案的前景值如表 6-11、表 6-12 和表 6-13 所示。

表 6-11　冒险型各方案属性前景值

	x_1		x_2		x_3		x_4	
	正前景值	负前景值	正前景值	负前景值	正前景值	负前景值	正前景值	负前景值
W_{11}	0.0024	−0.0075	0.0010	−0.0103	0.0017	−0.0083	0.0048	0
W_{12}	0.0147	−0.0427	0	−0.0693	0.0098	−0.0535	0.0308	0
W_{13}	0.0325	−0.0215	0.0214	−0.0533	0	−0.0879	0.0391	0
W_{14}	0.0026	−0.0167	0.0072	−0.0074	0.0031	−0.0170	0.0084	−0.0012
W_{15}	0.0501	0	0.0431	−0.0236	0	−0.1127	0.0225	−0.0728
W_{21}	0.0433	0	0.0367	−0.0217	0	−0.0974	0.0173	−0.0685
W_{22}	0.0211	−0.0125	0.0099	−0.0385	0.0024	−0.0518	0.0218	−0.0091
W_{23}	0.0152	0	0.0050	−0.0292	0.0008	−0.0335	0.0060	−0.0237
W_{24}	0.0404	−0.0183	0	−0.1033	0.0459	0	0.0172	−0.0747
W_{25}	0.0056	−0.0547	0.0260	0	0.0025	−0.0555	0.0187	−0.0213
W_{31}	0	−0.0653	0.0256	−0.0140	0.0285	−0.0034	0.0210	−0.0242
W_{32}	0.0164	−0.0359	0.0270	0	0	−0.0608	0.0124	−0.0395
W_{33}	0.0188	−0.0626	0.0264	−0.0505	0.0423	0	0	−0.0952
W_{34}	0.0278	−0.0233	0.0209	−0.0420	0.0323	−0.0097	0	−0.0757
W_{41}	0.0325	−0.0064	0.0253	−0.0260	0.0298	−0.0164	0	−0.0756
W_{42}	0.0079	−0.0486	0.0251	−0.0072	0.0223	−0.0157	0.0024	−0.0570
W_{43}	0.0087	−0.0802	0.0025	−0.0863	0.0391	0	0.0244	−0.0408
W_{51}	0.0017	−0.0205	0.0063	−0.0118	0.0097	0	0.0023	−0.0191
W_{52}	0.0010	−0.0312	0.0014	−0.0306	0.0143	0	0.0057	−0.0221
W_{53}	0	−0.0909	0.0353	−0.0166	0.0404	0	0.0124	−0.0696

表 6-12　中间型各方案属性前景值

	x_1		x_2		x_3		x_4	
	正前景值	负前景值	正前景值	负前景值	正前景值	负前景值	正前景值	负前景值
W_{11}	0.0011	−0.0034	0.0004	−0.0049	0.0007	−0.0039	0.0023	0
W_{12}	0.0082	−0.0249	0	−0.0431	0.0052	−0.0321	0.0192	0
W_{13}	0.0204	−0.0114	0.0126	−0.032	0	−0.0565	0.0251	0

续表

	x_1		x_2		x_3		x_4	
	正前景值	负前景值	正前景值	负前景值	正前景值	负前景值	正前景值	负前景值
W_{14}	0.0011	−0.0086	0.0037	−0.0034	0.0014	−0.0087	0.0044	−0.0004
W_{15}	0.0333	0	0.0280	−0.0127	0	−0.0749	0.0134	−0.0456
W_{21}	0.0282	0	0.0234	−0.0115	0	−0.0635	0.0100	−0.0425
W_{22}	0.0125	−0.0062	0.0053	−0.0221	0.0011	−0.0310	0.0130	−0.0043
W_{23}	0.0086	0	0.0024	−0.0162	0.0003	−0.0189	0.0030	−0.0127
W_{24}	0.0261	−0.0095	0	−0.0679	0.0302	0	0.0099	−0.0469
W_{25}	0.0028	−0.0329	0.0158	0	0.0011	−0.0335	0.0109	−0.0113
W_{31}	0	−0.0403	0.0155	−0.0070	0.0176	−0.0014	0.0124	−0.0130
W_{32}	0.0094	−0.0204	0.0165	0	0	−0.0371	0.0068	−0.0228
W_{33}	0.0109	−0.0384	0.0161	−0.0301	0.0275	0	0	−0.0619
W_{34}	0.0170	−0.0125	0.0123	−0.0244	0.0202	−0.0046	0	−0.0476
W_{41}	0.0204	−0.0029	0.0153	−0.0141	0.0185	−0.0084	0	−0.0476
W_{42}	0.0041	−0.0288	0.0152	−0.0033	0.0133	−0.0080	0.0010	−0.0345
W_{43}	0.0045	−0.0509	0.0011	−0.0554	0.0251	0	0.0147	−0.0236
W_{51}	0.0007	−0.0108	0.0032	−0.0058	0.0051	0	0.0010	−0.0100
W_{52}	0.0004	−0.0174	0.0005	−0.0170	0.0080	0	0.0028	−0.0118
W_{53}	0	−0.0587	0.0224	−0.00849	0.0261	0	0.0068	−0.04334

表6-13　保守型各方案属性前景值

	x_1		x_2		x_3		x_4	
	正前景值	负前景值	正前景值	负前景值	正前景值	负前景值	正前景值	负前景值
W_{11}	0.0003	−0.0009	0.0001	−0.0014	0.0002	−0.0010	0.0007	0
W_{12}	0.0030	−0.0097	0	−0.0188	0.0017	−0.0132	0.0083	0
W_{13}	0.0090	−0.0038	0.0050	−0.0131	0	−0.0261	0.0116	0
W_{14}	0.0003	−0.0027	0.0011	−0.0009	0.0004	−0.0027	0.0014	−0.0001
W_{15}	0.0163	0	0.0132	−0.0043	0	−0.0367	0.0054	−0.0201
W_{21}	0.0133	0	0.0106	−0.0038	0	−0.0300	0.0038	−0.0185
W_{22}	0.0050	−0.0018	0.0017	−0.0084	0.0003	−0.0126	0.0052	−0.0011
W_{23}	0.0032	0	0.0007	−0.0057	0.0001	−0.0069	0.0009	−0.0043

	x_1		x_2		x_3		x_4	
	正前景值	负前景值	正前景值	负前景值	正前景值	负前景值	正前景值	负前景值
W_{24}	0.0121	−0.0030	0	−0.0325	0.0145	0	0.0037	−0.0208
W_{25}	0.0008	−0.0136	0.0066	0	0.0003	−0.0139	0.0042	−0.0037
W_{31}	0	−0.0173	0.0065	−0.0021	0.0075	−0.0003	0.0049	−0.0044
W_{32}	0.0035	−0.0076	0.0070	0	0	−0.0157	0.0024	−0.0087
W_{33}	0.0042	−0.0163	0.0068	−0.0122	0.0129	0	0	−0.0291
W_{34}	0.0072	−0.0042	0.0049	−0.0094	0.0089	−0.0013	0	−0.0212
W_{41}	0.0090	−0.0007	0.0064	−0.0049	0.0080	−0.0026		−0.0212
W_{42}	0.0013	−0.0115	0.0063	−0.0008	0.0053	−0.0024	0.0002	−0.0144
W_{43}	0.0015	−0.0230	0.0003	−0.0254	0.0116	0	0.0061	−0.0091
W_{51}	0.0002	−0.0035	0.0010	−0.0016	0.0017	0	0.0002	−0.0032
W_{52}	0.0001	−0.0063	0.0001	−0.0061	0.0029	0	0.0008	−0.0039
W_{53}	0	−0.0273	0.0101	−0.0026	0.0121	0	0.0024	−0.0189

通过计算得到的各方案收益损失比，判断各备选方案优劣。判断方案优劣的方法为收益损失比越大，备选方案越好；反之则说明方案差。因此，根据表6-11至表6-13计算得到的管理者不同风险态度类型的方案前景值，结合式（6-16）计算各方案损失收益比，从而对方案进行排序，计算结果及排序如表6-14所示。

表6-14 各方案收益损失比及方案排序

	方案	x_1	x_2	x_3	x_4	排序
收益损失比	冒险型	0.5075	0.5709	0.1858	0.4547	$x_2 > x_1 > x_4 > x_3$
	中间型	0.4952	0.6011	0.1710	0.4680	$x_2 > x_1 > x_4 > x_3$
	保守型	0.4775	0.6574	0.1495	0.4999	$x_2 > x_4 > x_1 > x_3$

从表6-14中可以直观地看出，利用熵权法客观求解权重后，考虑企业管理者三种不同风险态度时，四个伙伴选择方案中最优的均为方案x_2，选择方案x_2为合作伙伴可以更好地规避创新风险，有效配置创新资源，促进科技型中小企业良性运转。对于中间型管理者和冒险型管理者，四个伙伴选择方案的排

序均为 $x_2>x_1>x_4>x_3$；对于保守型管理者，方案排序变为 $x_2>x_4>x_1>x_3$。产生这种差异的原因是企业管理者风险态度的不同，对比归一化矩阵可以看出，方案 x_1、方案 x_2、方案 x_4 尽管各有所长，但是整体实力相当。采用传统评价方法，在权重已知的情况下，可能就会认为这种单方面的优势能够为科技型中小企业的发展补齐短板。采用提出的评价方法，可以看出中间型管理者和冒险型管理者将方案 x_1 视为仅次于方案 x_2 的备选方案，而保守型管理者更关注企业的整体水平，对方案 x_1 的评价略次于方案 x_4。这一现象显然符合实际情况。由于科技型中小企业产学研协同创新的动态性和任务导向相对明确，评价伙伴时选用权重未知的评价模型，结合管理者的风险态度，能够对企业整体水平有较为科学的认知。

在协同创新项目期间，由于产学研协同创新的未知性和产品方案创新收益的时滞性，科技型中小企业 A 的风险态度对伙伴选择有重大的影响。科技型中小企业 A 通过综合评价选择合适的协同创新伙伴，积极参与知识或技术的创新。同时，由于科技型中小企业 A 的管理者持冒险型风险态度，更需要重视管理者风险态度的评估和创新项目实施风险的监管。只有依据管理者的风险态度动态评估潜在的风险因素，科学衡量协同过程的投入产出比，才能更好地优化创新资源配置。

6.6　本章小结

本章提出了一种多粒度、多犹豫度的科技型中小企业产学研协同创新伙伴选择模糊决策方法，帮助科技型中小企业在复杂多变的市场需求下，倚仗自身调度灵活的优势，通过构建合理的伙伴关系促进协同创新效率提升。不同的参与者背景会给科技型中小企业的研发项目带来潜在的风险。因此，筛选协同创新伙伴对科技型中小企业的成长至关重要。根据实际需要，本章建立了科技型中小企业伙伴选择的 5 个一级指标和 20 个二级指标。在科技型中小企业伙伴选择权重未知的情况下，采用信息录入和模糊理论计算评价标准的权重，减少专家主观倾向对权重的影响。由于备选伙伴方案的部分信息存在难以量化、不完整的实际情况，采用多粒度模糊综合评价方法可以使单个备选方案在同一行业中的定位更加客观、准确。为验证所提出的科技型中小企业产学研协同创新伙伴选择指标与方法的科学性和可行性，笔者进行了算例研究。结果表明，科技型中小企业管理者的风险态度会影响产学研协同创新伙伴的选择，本章提出的指标和方法具有良好的实际应用价值。

第7章 结论与展望

7.1 研究结论

本书围绕科技型中小企业产学研协同创新伙伴选择展开，探讨科技型中小企业产学研协同创新伙伴的内涵、特征及其关系，具体研究并解答了以下相关问题：一是科技型中小企业产学研协同创新伙伴选择的关键因素包括哪些方面；二是科技型中小企业选择学研方伙伴和企业伙伴分别对产学研协同创新有何影响；三是科技型中小企业微观伙伴选择对促进群体发展壮大有何作用；四是如何建立科学合理的伙伴选择机制。通过论证分析，得到主要结论如下：

（1）伙伴选择对科技型中小企业产学研协同创新的成功率和可持续发展有重要影响。协同创新的最终目的在于使参与产学研协同的主体能够获取互补性资源（既包括人力、物力、财力方面的硬性创新条件，也包括知识、技术方面的软实力）。在企业资金短缺、创新人才紧缺、抗风险能力差、市场竞争力不强、协同创新平台构建不完善等内在或外在因素的共同驱动下，科技型中小企业倾向于产学研协同创新。科技型中小企业与伙伴间关系按技术水平的匹配程度可以总结为技术购买或转让关系、联合开发关系、依附关系、技术主导和竞合关系。结合科技型中小企业的组织特点，产学研协同创新伙伴选择具有五个方面的特征，即需求主导性、资源共享性、路径依赖性、地理邻近性和风险倾向性。伙伴选择的本质是创新资源的异质性和伙伴间能力互补，科技型中小企业与不同类型的伙伴通过技术学习和知识转移进行资源的获取和整合，进而提升企业自主创新能力或产学研协同创新技术水平。

（2）由于不同类型伙伴的创新资源存在差异，这些差异会对科技型中小企业产学研协同创新产生不同影响。结合学研方、企业伙伴类型的特性构建科技型中小企业产学研协同创新博弈模型，研究表明，科技型中小企业与学研方伙伴之间的协同创新资源有明显较强的互补性，但由于客观存在组织结构差异、创新目标差异、环境氛围差异等诸多因素，应加强协同创新风险防范意识与第三方监督管理；参与协同创新的企业伙伴通常为与科技型中小企业在相应领域内具有上下游关联或同质性的企业，它们之间的协同创新主要考虑技术共享过程中双方的外化、吸收能力，在充分考虑竞合关系的基础上形成伙伴关系。科技型中小企业依从需求主导、资源互补的初衷，向外部寻求与自身能力相匹配的伙伴，充分理解不同伙伴类型在合作目标、组织架构、创新资源等方面的差异性，在双方信任的基础上构建稳定的伙伴关系，有助于提高产学研协同创新的成功率。针对伙伴类型的差异探讨伙伴选择的影响因素，促进伙伴间深度交流与技术共享，有助于建立充分的信任机制，突破原有封闭式的创新框架，推动协同创新进一步深化。同时，增强技术与资源共享的意识并提高协同创新伙伴资源整合能力，最大程度降低创新成本，提升协同伙伴抗风险能力，可以巩固伙伴关系的稳定性。

（3）在选择伙伴中，盲目追求技术含量高的科研机构或高校院所，忽视企业自身实际情况，不利于科技型中小企业产学研协同创新效率的提高。产学研协同创新的实现与科技型中小企业组织学习能力和技术吸收能力息息相关。伙伴类型、创新资源、技术水平、合作基础等因素对科技型中小企业产学研协同创新有明显影响。通过基于主体建模理论，模拟企业、高校院所、研究机构及科技中介等多种主体，研究多主体参与下科技型中小企业的微观选择对宏观现象的影响，发现伙伴关系中地理邻近性、路径依赖性和良好的激励政策、适度的监管机制、充裕的创新资源、较高的技术水平等因素都会促进科技型中小企业充分发挥技术协同的优势，建立稳定发展的伙伴关系，继而吸引更多的伙伴加入产学研协同创新。

（4）产学研协同创新受到伙伴多样性、创新风险的不确定性、创新收益的未知性的影响，鉴于科技型中小企业特有的扁平状组织结构特征，管理者风险态度对选择协同创新伙伴有决定性影响。科技型中小企业伙伴选择应结合企业自身的发展水平和战略目标，综合考虑管理者风险态度进行筛选，避免盲目追求伙伴创新资源的异质性和互补性。通过对不同类型伙伴协同创新能力进行评价，帮助科技型中小企业选择更明确的协同创新伙伴，科学衡量协同过程的投入产出比，更好地优化创新资源配置。科技型中小企业在正视管理者风险态度的前提下选择适合的伙伴，真正科学有效地进行风险管理，最大程度地降低风险发生的可能性，使技术创新活动具有更高的价值。此外，管理者的风险态度越趋近于冒险，对技术创新监管力度的需求越强。

7.2 研究启示

本书从科技型中小企业产学研协同创新实践的现实问题出发，以协同创新伙伴选择为研究对象，探讨了组织类型差异、技术能力差异和创新资源差异对协同创新的影响。由于不同的产学研协同创新伙伴对创新行为的影响路径不同，本书从科技型中小企业实际需求出发，选择与自身发展相匹配的产学研协同创新伙伴，这在实践中具有一定的借鉴和指导意义。

（1）科技型中小企业伙伴选择应综合考虑企业发展过程中企业组织结构特点和产学研协同创新的特征。科技型中小企业面对不断变化的产品需求和市场环境，应突破静态、封闭式的创新模式，探索产学研协同创新，进而提升自身技术水平，获取持续竞争优势。在这一过程中，伙伴选择作为初始步骤，对企业产学研协同创新的后续发展有重要影响。科学合理的伙伴选择标准，可提高协同创新伙伴的匹配程度，促使科技型中小企业集中创新资源并有重点、有选择地突破主要研究课题。全面衡量伙伴的各项指标，有利于降低协同创新的风险成本，明确科技创新的重点投入方向，对科技型中小企业提高竞争优势有明显的促进作用。

（2）在多种类型伙伴的参与下，科技型中小企业应充分理解不同类型的创新主体对产学研协同创新的影响存在差异，以保障协同创新伙伴能够以最饱满的热情投入协同研发，提升整体实力和产业竞争能力，避免在实际创新过程中产生"投机取巧""偷换概念"等行为。科技型中小企业充分借助外部资源突破原有框架，有效调动学研方伙伴知识的前沿性和科学性，并对企业伙伴的研发、营销、生产能力加以利用，取长补短，这有助于企业获取多元化的创新资源。科技型中小企业还可以通过积极参与协同创新平台建设，营造良好的创新氛围，以共同研发更新、更好的技术。

（3）科技型中小企业应当以提高配套协作能力为目标，提升自身在产学研协同创新活动中的明确优势，向专业化、精细化、特色化、新颖化的方向发展。本书的研究表明，企业应结合自身需求选择协同创新伙伴。同理可知，科技型中小企业若想具备明确的伙伴选择优势，需要在"专精特新"方面构建强有力的一技之长。围绕区域主导产业或核心行业发展配套产品或服务，依托成熟大型企业的发展优势，与其互利互惠，形成产业集群下具有明显凝聚力的紧密伙伴关系。

（4）科技型中小企业要对管理者的风险态度有清晰明确的认识，避免因决策冒进导致管理成本的增加或其他技术风险的产生。科技型中小企业管理者的风险态度对伙伴选择的影响客观存在，在积极寻求外部创新资源的过程中，清楚地认识到企业自身的倾向性能够帮助科技型中小企业在实际创新中完善自我监督和管理机制。对冒险型企业管理者应加强监督，有效提高科技型中小企业抵御协同创新风险的能力，防止由于管理者的个人因素导致单方面的激进行为。对于超出自身能力范围以外的协同创新项目，要分时段及时反思与回顾，真正做到及时止损。

7.3　局限与展望

本书立足科技型中小企业创新资源不足而技术市场环境变幻莫测的实际情况，通过对科技型中小企业产学研协同创新伙伴选择过程的逐步推演，分析伙伴多样性和异质性对协同创新的影响，得出了具有一定理论价值和现实意义的结论，同时对除科技型中小企业以外的其他企业实践也有一定的借鉴和启发。但是，囿于研究科技型中小企业伙伴选择问题的复杂性和笔者的科学研究能力，本书仍存在部分研究盲点和不足之处，具体如下：

（1）企业产学研协同创新伙伴选择行为会因技术创新所处的不同阶段而有所差异。本书虽然关注了协同创新中伙伴选择这一热点问题，但由于协同创新活动的复杂性，并没有深入分析特定行业背景下、不同阶段的伙伴选择与创新绩效之间的作用机理，因此未能深入分析两者之间的促进机制。

（2）由于技术创新是一种带有不确定性的风险活动，尽管书中少量提及伙伴关系或伙伴错配对创新风险的影响，但是对伙伴间创新风险的传导路径和传递机制没有进行更深入的讨论。

目前对科技型中小企业产学研协同创新的研究还处于浅层阶段，诸多实践问题亟待进一步探讨。本书围绕科技型中小企业产学研协同创新的初始阶段，即伙伴选择，进行了一定的理论探讨，尽管存在一些局限性和不足，但仍为后续研究提出了可能的方向和发展空间：

（1）本书以科技型中小企业为研究对象，主要围绕科技型中小企业主体相关视角展开研究，但现实中协同创新涉及企业与多种组织机构的协同行为，涉及更为复杂的基于不同创新阶段的意愿、能力、认知水平的异质性，未来的研究可以进一步探讨不同创新阶段伙伴选择对多主体创新网络的影响。

（2）本书研究表明，不同类型伙伴的组织类型、技术能力、资源配置、创新目标、风险偏好等存在差异，会对协同创新伙伴选择产生影响，但各因素之间是否存在组合效应仍然未知，未来随着研究的进一步深入，可以展开更细致的探讨，丰富其理论体系。

参考文献

[1] Abouzeedan A, Klofsten M, Hedner T. Internetization management as a facilitator for managing innovation in high-technology smaller firms [J]. Global Business Review, 2013, 14 (1): 121-136.

[2] Alaoui M E. Fuzzy TOPSIS: Logic, approaches, and case studies [M]. Boca Raton: CRC Press, 2021.

[3] Altuntas S, Dereli T, Kusiak A. Assessment of corporate innovation capability with a data-mining approach: Industrial case studies [J]. Computers and Industrial Engineering, 2016, 102: 58-68.

[4] Ansoff H I. Corporate strategy (revised edition) [M]. New York: McGraw-Hill Book Company, 1987.

[5] Arslan T. A weighted euclidean distance based TOPSIS method for modeling public subjective judgments [J]. Asia-Pacific Journal of Operational Research, 2017, 34 (3): No. 1750004.

[6] Ashtianipour Z, Zandhessami H. An integrated ISM-DEMATEL model for evaluation of technological innovation capabilities impact on the competitiveness of Small & Medium Size Enterprises (SMEs) [C]. 2015 Portland International Conference on Management of Engineering and Technology, 2015.

[7] Barney J. Firm resources and sustained competitive advantage [J]. Journal of Management, 1991, 17 (1): 99-120.

[8] Beckman C M, Haunschild P R, Phillips D J. Friends or strangers? Firm-Specific uncertainty, market uncertainty, and network partner selection [J]. Organization Science, 2004, 15 (3): 259-275.

［9］Bengtsson M, Raza-Ullah T. A systematic review of research on coopetition: Toward a multilevel understanding ［J］. Industrial Marketing Management, 2016, 57 (8): 23-39.

［10］Bernoulli D. Exposition of a new theory on the measurement of risk ［J］. Econometrica, 1954, 22 (1): 22-36.

［11］Bianchi M, Campodall'Orto S, Frattini F, et al. Enabling open innovation in small-and medium-sized enterprises: How to find alternative applications for your technologies ［J］. R&D Management, 2010, 40 (4): 414-431.

［12］Black J A, Boal K B. Strategic resources: Traits, configurations and paths to sustainable competitive advantage ［J］. Strategic Management Journal, 1994, 15 (S2): 131-148.

［13］Bleichrodt H, Schmidt U, Zank H. Additive utility in prospect theory ［J］. Management Science, 2009, 55 (5): 863-873.

［14］Bouncken R B, Gast J, Kraus S, et al. Coopetition: A systematic review, synthesis, and future research directions ［J］. Review of Managerial Science, 2015, 9 (3): 577-601.

［15］Bowman C, Ambrosini V. How the resource-based and the dynamic capability views of the firm inform corporate-level strategy ［J］. British Journal of Management, 2003, 14 (4): 289-303.

［16］Božanić D, Pamučar D, Bojanić D. Modification of theanalytic hierarchy process (AHP) method using fuzzylogic: Fuzzy AHP approach as a support to the decisionmaking process concerning engagement of the group foradditional hindering ［J］. Serbian Journal of Management, 2015, 10 (2): 151-171.

［17］Brandenburger A M, Nalebuff B J. Co-opetition ［J］. Long Range Planning, 1997, 15 (1): 31-32.

［18］Brunetto Y, Farr-Wharton R. The moderating role of trust in SME owner/managers' decision-making about collaboration ［J］. Journal of Small Business Management, 2010, 45 (3): 362-387.

［19］Caloghirou Y, Kastelli I, Tsakanikas A. Internal capabilities and external knowledge sources: Complements or substitutes for innovative performance? ［J］. Technovation, 2004, 24 (1): 29-39.

［20］Camarinha-Matos L M, Afsarmanesh H. Collaborative networks: A new scientific discipline ［J］. Journal of Intelligent Manufacturing, 2005, 16 （4）: 439-452.

［21］Castellaci F, Grodal S, Mendonca S, et al. Advances and challenges in innovation studies ［J］. Journal of Economic Issues, 2005, 39 （1）: 91-121.

［22］Ceccagnoli M, Higgins M J, Palermo V. Behind the scenes: Sources of complementarity in R&D ［J］. Journal of Economics and Management Strategy, 2014, 23 （1）: 125-148.

［23］Chiaroni D, Chiesa V, Frattini F. Unravelling the process from closed to open innovation: Evidence from mature, asset-intensive industries ［J］. R&D Management, 2010, 40 （3）: 222-245.

［24］Chimucheka T. Networks and performance of small and medium enterprises （SMEs） in different stages of the life cycle: A case study of a small business in the Netherlands ［J］. Journal of Communication, 2013, 4 （2）: 89-94.

［25］Clarke C J, Varma S. Strategic risk management: The new competitive edge ［J］. Long Range Planning, 1999, 32 （4）: 414-424.

［26］Collins J D. Social capital as a conduit for alliance portfolio diversity ［J］. Journal of Managerial Issues, 2013, 25 （1）: 62-78.

［27］Colombo M G, Piva E, Rossi-Lamastra C. Open innovation and within-industry diversification in small and medium enterprises: The case of open source software firms ［J］. Research Policy, 2014, 43 （5）: 891-902.

［28］Conway H W. Value and decision weight functions for monetary and non-monetaryattributes in gains and losses as inputs to a multiattribute cumulative prospect theorymodel ［D］. Wicllita: Wichita State University, 2002.

［29］Corning P A. "The synergism hypothesis": On the concept of synergy and its role in theevolution of complex systems ［J］. Journal of Social and Evolutionary Systems, 1998, 21 （2）: 133-172.

［30］Crossan M M, Apaydin M. A multi-dimensional framework of organizational innovation: A systematic review of the literature ［J］. Journal of Management Studies, 2010, 47 （6）: 1154-1191.

［31］Cyert R M, Goodman P S. Creating effective university-industry alliances: An organizational learning perspective [J]. Organizational Dynamics, 1997, 25 (4): 45-57.

[32] Damanpour F. Organizational innovation: A meta-analysis of effects of determinants and moderators [J]. Academy of Management Journal, 1991, 34 (3): 555-590.

[33] Das T K. Strategic alliance temporalities and partner opportunism [J]. British Journal of Management, 2006, 17 (3): 1-21

[34] Davis J P, Eisenhardt K M. Rotating leadership and collaborative innovation: Recombination processes in symbiotic relationships [J]. Administrative Science Quarterly, 2011, 56 (2): 159-201.

[35] Del Canto J G, González I S. A resource-based analysis of the factors determining a firm's R&D activities [J]. Research Policy, 1999, 28 (8): 891-905.

[36] Dewar R D, Dutton J E. The adoption of radical and incremental innovations: An empirical analysis [J]. Management Science, 1986, 32 (11): 1422-1433.

[37] Doloi H. Relational partnerships: The importance of communication, trust and confidence and joint risk management in achieving project success [J]. Construction Management and Economics, 2009, 27 (11): 1099-1109.

[38] Du J, Leten B, Vanhaverbeke W. Managing open innovation projects with science-based and market-based partners [J]. Research Policy, 2014, 43 (5): 828-840.

[39] Eom B-Y, Lee K. Determinants of industry-academy linkages and, their impact on firm performance: The case of Korea as a latecomer in knowledge industrialization [J]. Research Policy, 2010, 39 (5): 625-639.

[40] Feranita F, Kotlar J, De Massis A. Collaborative innovation in family firms: Past research, current debates and agenda for future research [J]. Journal of Family Business Strategy, 2017, 8 (3): 137-156.

[41] Fontana R, Geuna A, Matt M. Factors affecting university-industry R&D projects: The importance of searching, screening and signalling [J]. Research Policy, 2006, 35 (2): 309-323.

[42] Forsman H. Business development success in SMEs: A case study approach [J]. Journal of Small Business and Enterprise Development, 2008, 15 (3): 606-622.

[43] Garcia R. Uses of agent-based modeling in innovation/new product development research [J]. Journal of Product Innovation Management, 2005, 22 (5): 380-398.

[44] Garriga H, von Krogh G, Spaeth S. How constraints and knowledge impact open innovation [J]. Strategic Management Journal, 2013, 34 (9): 1134-1144.

[45] Gassmann O, Enkel E, Chesbrough H. The future of open innovation [J]. R&D Management, 2010, 40 (3), 213-221.

[46] George G, Zahra S A, Wood D R. The effects of business-university alliances on innovative output and financial performance: A study of publicly traded biotechnology companies [J]. Journal of Business Venturing, 2002, 17 (6): 577-609.

[47] Gintis H. Game theory evolving: A problem-centered introduction to modeling strategic interaction [M]. Princeton: Princeton University Press, 2000.

[48] Gomes L F A M, Rangel L A D R. An application of the TODIM method to the multicriteria rental evaluation of residential properties [J]. European Journal of Operational Research, 2009, 193 (1): 204-211.

[49] Greiner L E. Evolution and revolution as organizations grow [J]. Harvard Business Review. 1972 (50): 37-46.

[50] Gruenberg-Bochard J, Kreis-Hoyer P. Knowledge-networking capability in German SMEs: A Model for empirical investigation [J]. International Journal of Technology Management, 2009, 45 (3/4): 364-379.

[51] Guan J, Ma N. Innovative capability and export performance of Chinese firms [J]. Technovation, 2003, 23 (9): 737-747.

[52] Gulati R. Does familiarity breed trust? The implications of repeated ties for contractual choice in alliances [J]. Academy of Management Journal, 1995, 38 (1): 85-112.

[53] Gulati R. Network location and learning: The influence of network re-

sources and firm capabilities on alliance formation [J]. Strategic Management Journal, 1999, 20 (5): 397-420.

[54] Haken H, Fraser A M. Information and self-organization: A macroscopic approach to complex systems [J]. The Quarterly Review of Biology, 1989, 57 (64, 2): 958-959.

[55] Hess A M, Rothaermel F T. When are assets complementary? Star scientists, strategic alliances, and innovation in the pharmaceutical industry [J]. Strategic Management Journal, 2011, 32 (8): 895-909.

[56] Hollanders H, Es-Sadki N. European innovation scoreboard 2017: Methodology report [R]. Publications Office of the European Union, Luxembourg, 2017.

[57] Holzmann T, Sailer K, Katzy B R. Matchmaking as multi-sided market for open innovation [J]. Technology Analysis and Strategic Management, 2014, 26 (6): 601-615.

[58] Hoopes D, Madsen T, Walker G. Guest editors' introduction to the special issue: Why is there a resource-based view? - Toward a theory of competitive heterogeneity [J]. Strategic Management Journal, 2003, 24 (10): 889-902.

[59] Hossain M. A review of literature on open innovation in small and medium-sized enterprises [J]. Journal of Global Entrepreneurship Research, 2015, 5: 1-12.

[60] Itami H, Numagami T. Dynamic interaction between strategy and technology [J]. Strategic Management Journal, 1992, 13 (S2): 119-135.

[61] Kafouros M, Wang C, Piperopoulos P, et al. Academic collaborations and firm innovation performance in China: The role of region-specific institutions [J]. Research Policy, 2015, 44 (3): 803-817.

[62] Kahneman D, Tversky A. Prospect theory: An analysis of decision under risk. [J]. Econometrica, 1979, 47 (2): 263-291.

[63] Kim J W, Higgins M C. Where do alliances come from? The effects of upper echelons on alliance formation [J]. Research Policy, 2007, 36 (4): 499-514.

[64] Klarin A. Mapping product and service innovation: A bibliometric analysis and a typology [J]. Technological Forecasting and Social Change, 2019, 149

(12)：1-12.

［65］Kobayashi K, Morohosi H, Oyama T. Applying path-counting methods for measuring the robustness of the network-structured system ［J］. International Transactions in Operational Research, 2009, 16 (3)：371-389.

［66］Krishnaswamy K N, Mathirajan M, Subrahmanya M H B. Technological innovations and its influence on the growth of auto component SMEs of Bangalore：A case study approach ［J］. Technology in Society, 2014, 38：18-31.

［67］Lahdelma R, Salminen P. Prospect theory and stochastic multicriteriaacceptability analysis (SMAA) ［J］. Omega, 2009, 37 (5)：961-971.

［68］Lecocq X, Demil B. Strategizing industry structure：The case of open systems in a low-tech industry ［J］. Strategic Management Journal, 2006, 27 (9)：891-898.

［69］Lee K-E, Yoon B. Analysis of success factors for innovation of global leading SMEs ［J］. Journal of Korea Technology Innovation Society, 2012, 15 (1)：76-104.

［70］Lee Y S. The Sustainability of university-industry research collaboration：An empirical assessment ［J］. Journal of Technology Transfer, 2000, 25 (2)：111-133.

［71］Li D, Eden L, Hitt M A, et al. Friends, acquaintances, or strangers? Partner selection in R&D alliances ［J］. Academy of Management Journal, 2008, 51 (2)：315-334.

［72］Li S X, Rowley T J. Inertia and evaluation mechanisms in interorganizational partner selection：Syndicate formation among U. S. investment banks ［J］. The Academy of Management Journal, 2002, 45 (6)：1104-1119.

［73］Li Y, Su Z F, Liu Y. Can strategic flexibility help firms profit from product innovation? ［J］. Technovation, 2010, 30 (5/6)：300-309.

［74］Liu H C, You J X, You X Y, et al. A novelapproach for failure mode and effects analysis usingcombination weighting and fuzzy VIKOR method ［J］. Applied Soft Computing, 2015, 28 (3)：579-588.

［75］Lv B, Qi X G. Research on partner combination selection of the supply chain collaborative product innovation based on product innovative resources

[J]. Computers and Industrial Engineering, 2019, 128: 245-253.

[76] Malmendier U M, Tate G. Who makes acquisitions? CEO overconfidence and the market's Reaction [J]. Research Papers, 2008, 89 (1): 20-43.

[77] Mariotti F, Haider S. Managing institutional diversity and structural holes: Network configurations for recombinant innovation [J]. Technological Forecasting and Social Change, 2020, 160 (1): 120237.

[78] Masahiko A, Yuko H. Industry-university cooperation to take on herefrom [J]. Research Institute of Economy, Trade and Industry, 2002, 4: 42-49.

[79] Mcadam R, Mitchell N. The influences of critical incidents and lifecycle dynamics on innovation implementation constructs in SMEs: A longitudinal study [J]. International Journal of Technology Management, 2010, 52 (12): 189-212.

[80] Mccalman D G, Wilkinson T J, Brouthers L E. The transfer of manufacturing processes and standards in U. S. plants operating in the U. K. [J]. The Journal of Technology Transfer, 2000, 25 (1): 75-82.

[81] McCutcheon D, Stuart F I. Issues in the choice of supplier alliance partners [J]. Journal of Operations Management, 2000, 18 (3): 279-301.

[82] Miller D, Shamsie J. The resource-based view of the firm in two environments: The hollywood film studios from 1936 to 1965 [J]. Academy of Management Journal, 1996, 39 (3): 519-543.

[83] Mindruta D. Value creation in university-firm research collaborations: A matching approach [J]. Strategic Management Journal, 2013, 34 (6): 644-665.

[84] Miotti L, Sachwald F. Co-operative R&D: Why and with whom? An integrated framework of analysis [J]. Research Policy, 2003, 32 (8): 1481-1499.

[85] Miyamoyo J M, Wakker P. Multiattribute utility theory without expected utilityfoundations [J]. Operation Research, 1996, 44 (2): 313-326.

[86] Mokarram M, Hamzeh S, Nejady A H, et al. Featureselection for land suitability evaluation in combinationwith the fuzzy-AHP method [J]. Journal of the Acoustical Society of America, 2012, 100 (7): 3669-3673.

[87] Motohashi K. University-industry collaborations in Japan: The role of new technology-based firms in transforming the National Innovation System [J]. Research Policy, 2005, 34 (5): 583-594.

［88］Mowery D C, Oxley J E, Silverman B S. Technological overlap and inter-firm cooperation: Implications for the resource-based view of the firm［J］. Research Policy, 1998, 27 (5): 507-523.

［89］Nahapiet J, Ghoshal S. Social capital, intellectual capital, and the organizational advantage［J］. Academy of Management Review, 1998, 23 (2): 246-266.

［90］Nash J F. Non-cooperative games［J］. Annals of Mathematics, 1951, (54): 286-295.

［91］Naveh E. The effect of integrated product development on efficiency and innovation［J］. International Journal of Production Research, 2005, 43 (13): 2789-2808.

［92］Nowak M A. Evolutionary dynamics: Exploring the equations of life［M］. Cambridge: The Belknap Press, 2006.

［93］Parida V, Westerberg M, Frishammar J. Inbound open innovation activities in high-tech SMEs: The Impact on Innovation Performance［J］. Journal of Small Business Management, 2012, 50 (2): 283-309.

［94］Parrino R, Poteshman A M, Weisbach M S. Measuring investment distortions when risk-averse managers decide whether to undertake risky projects［J］. Financial Management, 2005, 34 (1): 21-60.

［95］Pathak S D, Wu Z, Johnston D. Toward a structural view of co-opetition in supply networks［J］. Journal of Operations Management, 2014, 32 (5): 254-267.

［96］Poyago-Theotoky J, Beath J, Siegel D S. Universities and fundamental research: Reflections on the growth of university-industry partnerships［J］. Oxford Review of Economic Policy, 2002, 18 (1): 10-21.

［97］Qian Y H, Liang J Y, Yao Y Y, et al. MGRS: A multi-granulation rough set［J］. Information Sciences, 2010, 180 (6): 949-970.

［98］Rahman H, Ramos I. Open Innovation in SMEs: From closed boundaries to networked paradigm［J］. Issues in Informing Science and Information Technology, 2010, 7: 471-487.

［99］Rao V R, Yu Y, Umashankar N. Anticipated vs. Actual Synergy in merger partner selection and post-merger Innovation [J]. Marketing Science, 2016, 35 (6): 934-952.

[100] Ravari S S M, Mehrabanfar E, Banaitis A, et al. Framework for assessing technological innovation capability in research and technology organizations [J]. Journal of Business Economics and Management, 2016, 17 (6): 825-847.

[101] Razmi J, Rafiei H. An integrated analytic networkprocess with mixed-integer non-linear programming tosupplier selection and order allocation [J]. International Journal of Advanced Manufacturing Technology, 2010, 49 (12): 1195-1208.

[102] Rehm S-V, Goel L. Using information systems to achieve complementarity in SME innovation networks [J]. Information and Management, 2017, 54 (4): 438-451.

[103] Roll R. The hubris hypothesis of corporate takeovers [J]. The Journal of Business, 1986, 59 (2): 437-467.

[104] Rost K. The strength of strong ties in the creation of innovation [J]. Research Policy, 2011, 40 (4): 588-604.

[105] Ru P, Zhi Q, Zhang F, et al. Behind the development of technology: The transition of innovation modes in China's wind turbine manufacturing industry [J]. Energy Policy, 2012, 43 (4): 58-69.

[106] Sammarra A, Biggiero L. Heterogeneity and specificity of inter-firm knowledge flows in innovation networks [J]. Journal of Management Studies, 2008, 45 (4): 800-829.

[107] Santoro G, Bresciani S, Papa A. Collaborative modes with cultural and creative industries and innovation performance: The moderating role of heterogeneous sources of knowledge and absorptive capacity [J]. Technovation, 2020, 92-93: No. 102040.

[108] Santoro G, Ferraris A, Giacosa E, et al. How SMEs engage in open innovation: A survey [J]. Journal of the Knowledge Economy, 2018, 9 (2): 561-574.

[109] Schmiedeberg C. Complementarities of innovation activities: An empirical analysis of the German manufacturing sector [J]. Research Policy, 2008, 37 (9): 1492-1503.

［110］Schwartz M, Peglow F, Fritsch M, et al. What drives innovation output from subsidized R&D cooperation? —Project－level evidence from Germany ［J］. Technovation, 2012, 32 (6)：358-369.

［111］Slowinski G, Sagal M W. Good Practices in open innovation ［J］. Research Technology Management, 2010, 53 (5)：38-45.

［112］Smith J M, Price G R. The logic of animal conflict ［J］. Nature, 1973, 246：15-18.

［113］Souitaris V. Technological trajectories as moderators of firm－level determinants of innovation ［J］. Research Policy, 2002, 31 (6)：877-898.

［114］Spithoven A, Vanhaverbeke W, Roijakkers N. Open innovation practices in SMEs and large enterprises ［J］. Small Business Economics, 2013, 41 (3)：537-562.

［115］Sumrit D, Anuntavoranich P. Using DEMATEL method to analyze the causal relations on technological innovation capability evaluation factors in Thai technology－based firms ［J］. International Transaction Journal of Engineering Management and Applied Sciences and Technologies, 2013 (2)：81-103.

［116］Szabó G, Fáth G. Evolutionary games on graphs ［J］. Physics Reports, 2007, 446 (4-6)：97-216.

［117］Tamura H. Behavioral models for complex decision analysis ［J］. European Journalof Operational Research, 2005, 166 (3)：655-665.

［118］Tamura H. Behavioral models for decision making under risk and/or uncertainty with application to public sectors ［J］. Annual Reviews in Control, 2008, 32 (1)：99-106.

［119］Taylor P D, Jonker L B. Evolutionary stable strategies and game dynamics ［J］. Mathematical Biosciences, 1978, 40 (1-2)：145-156.

［120］Thakor A V, Goel A M. Rationality, overconfidence and leadership ［J］. SSRN Electronic Journal, 2000, No. 244999.

［121］Traitler H, Watzke H J, Saguy I S. Reinventing R&D in an open innovation ecosystem. ［J］. Journal of Food Science, 2011, 76 (2)：62-68.

［122］Tversky A, Kahneman D. Advances in prospect theory：Cumulative representation of uncertainty ［J］. Journal of Risk and Uncertainty, 1992, 5 (4)：

297-323.

[123] van Beers C, Zand F. R&D cooperation, partner diversity, and innovation performance: An empirical analysis [J]. Journal of Product Innovation Management, 2014, 31 (2): 292-312.

[124] von Hippel E. Horizontal innovation networks—By and for users [J]. Industrial and Corporate Change, 2007, 16 (2): 293-315.

[125] von Neumann J, Morgenstern O. Theory of games and economic behavior [M]. Princeton University Press, 1944.

[126] Vuola O, Hameri A-P. Mutually benefiting joint innovation process between industry and big-science [J]. Technovation, 2006, 26 (1): 3-12.

[127] Wang C F, Hu Q Y. Knowledge sharing in supply chain networks: Effects of collaborative innovation activities and capability on innovation performance [J]. Technovation, 2020, 94-95: No. 102010.

[128] Wassmer U, Li S, Madhok A. Resource ambidexterity through alliance portfolios and firm performance [J]. Strategic Management Journal, 2017, 38 (2): 1-21.

[129] Wathne K H, Heide J B. Opportunism in interfirm relationships: Forms, outcomes and solutions [J]. The Journal of Marketing, 2000, 64 (4): 36-51.

[130] Wernerfelt B. A resource-based view of the firm [J]. Strategic Management Journal, 1984, 5 (2): 171-180.

[131] Westphal L E, Rhee Y W, Pursell G. Korean industrial competence: Where it came from [R]. World Bank Staff Working Papers No. 469, 1981.

[132] Wooldridge M, Jennings N R. Intelligent agents: Theory and practice [J]. Knowledge Engineering Review, 1995, 10 (2): 115-152.

[133] Xu J, Yuan L, Gao S X. The stability of strategic alliances: Characteristics, factors and stages [J]. Journal of International Management, 2008, 14 (2): 173-189.

[134] Xu W H, Sun W X, Zhang X Y, et al. Multiple granulation rough set approach to ordered information systems [J]. International Journal of General Systems, 2012, 41 (5): 475-501.

［135］Xue X L, Zhang R X, Wang L, et al. Collaborative innovation in construction project：A social network perspective［J］. KSCE Journal of Civil Engineering, 2018, 22（2）：417-427.

［136］Yang S, Kang H-H. Is synergy always good? Clarifying the effect of innovation capital and customer capital on firm performance in two contexts［J］. Technovation, 2008, 28（10）：667-678.

［137］Yayavaram S, Srivastava M K, Sarkar M B. Role of search for domain knowledge and architectural knowledge in alliance partner selection［J］. Strategic Management Journal, 2018, 39（8）：2277-2302.

［138］Ye F. An extended TOPSIS method with interval-valued intuitionistic fuzzy numbers for virtual enterprise partner selection［J］. Expert Systems with Applications, 2010, 37（10）：7050-7055.

［139］Yim S, Josephson B W, Johnson J L, et al. Interfirm relational strategies and innovation：The role of interfirm relational traits and firm resources［J］. Customer Needs and Solutions, 2015, 2：230-244.

［140］Zhang Z W, Zhang H A. Variable-population evolutionary game model for resource allocation in cooperative cognitive relay networks［J］. IEEE Communications Letters, 2013, 17（2）：361-364.

［141］Zhou Q, Fang G, Wang D P, et al. Research on the robust optimization of the enterprise's decision on the investment to the collaborative innovation：Under the risk constraints［J］. Chaos, Solitons and Fractals, 2016, 89：284-289.

［142］Çelen A. Comparative analysis of normalization procedures in TOPSIS method：With an application to Turkish deposit banking market［J］. Informatica, 2014, 25（2）：185-208.

［143］白俊红，江可申，李婧，等. 企业技术创新能力测度与评价的因子分析模型及其应用［J］. 中国软科学, 2008（3）：108-114.

［144］白杨敏，彭语冰，崔婷. 基于 AHP-DEA 模型的企业技术创新能力评价［J］. 统计与决策, 2015（12）：169-171.

［145］毕静煜，谢恩，梁杰. 联盟控制机制与知识获取：伙伴选择的调节作用［J］. 科技进步与对策, 2018, 35（3）：123-131.

［146］蔡继荣. 联盟伙伴特征、可置信承诺与战略联盟的稳定性［J］. 科

学学与科学技术管理，2012，33（7）：133-142.

[147] 蔡翔，谌婷.中小企业自主创新与模仿创新博弈分析［J］.科技进步与对策，2013，30（4）：91-95.

[148] 曹崇延，王濰学.企业技术创新能力评价指标体系研究［J］.预测，1998（2）：66-68.

[149] 曹萍，陈福集.基于 ANP 理论的企业技术创新能力评价模型［J］.科学学与科学技术管理，2010，31（2）：67-71+176.

[150] 曹兴，龙凤珍.技术联盟伙伴选择因素与联盟绩效的关系研究［J］.软科学，2013（6）：53-58.

[151] 常洁，乔彬.科技型中小企业产学研协同创新绩效评价［J］.统计与决策，2020，36（6）：185-188.

[152] 陈福集，黄亚驹.基于前景理论的商业化网媒行为监管演化博弈分析［J］.现代情报，2017，37（6）：3-8.

[153] 陈劲，阳银娟.协同创新的理论基础与内涵［J］.科学学研究，2012，30（2）：161-164.

[154] 陈劲，殷辉，谢芳.协同创新情景下产学研合作行为的演化博弈仿真分析［J］.科技进步与对策，2014，31（5）：1-6.

[155] 陈劲.协同创新与国家科研能力建设［J］.科学学研究，2011，29（12）：1762-1763.

[156] 陈井安，方茜.区域协同创新视角下的人才政策：模式分析与路径选择［J］.理论与改革，2015（2）：102-105.

[157] 陈立泰，叶长华.重庆市产学研联盟发展的创新模式研究［J］.科技管理研究，2009（6）：166-168.

[158] 陈伟.基于科技型中小企业视角的企业创新生态系统治理机制分析［J］.商业经济研究，2017（11）：98-99.

[159] 陈旭.企业间合作关系治理的理论研究［D］.哈尔滨：哈尔滨工业大学，2010.

[160] 陈云，谭淳方，俞立.科技型中小企业技术创新能力评价指标体系研究［J］.科技进步与对策，2012，29（2）：110-112.

[161] 陈志.中国科技型企业的形成与功能效应分析［J］.农业机械学报，2004，35（1）：154-158+172.

[162] 陈志松.前景理论视角下考虑战略顾客行为的供应链协调研究 [J].管理工程学报，2017，31（4）：93-100.

[163] 成桂芳，宁宣熙.虚拟企业内成员企业间知识协作行为的博弈分析 [J].科技进步与对策，2005，22（5）：10-12.

[164] 程聪，曹烈冰，张颖，等.中小企业渐进式创新影响因素结构分析——资源基础还是能力制胜？[J].科学学研究，2014，32（9）：1415-1422.

[165] 程瑞雯.基于学习能力的企业间合作研发模式选择研究 [D].大连：大连理工大学，2006.

[166] 邓君，马晓君，毕强.社会网络分析工具 Ucinet 和 Gephi 的比较研究 [J].情报理论与实践，2014，37（8）：133-138.

[167] 邓渝.市场还是关系依赖？联盟伙伴选择导向对企业技术创新的作用机制研究 [J].外国经济与管理，2016，38（5）：18-31+43.

[168] 董岗，傅铅生.关于企业创新能力的评价模型研究 [J].商业研究，2004（9）：33-36.

[169] 董恒敏，李柏洲.产学研协同创新驱动模式——基于河南驼人集团的案例研究 [J].科技进步与对策，2015，32（5）：20-25.

[170] 杜丹丽，康敏，曾小春，等.网络结构视角的科技型中小企业协同创新联盟稳定性研究——以黑龙江省为例 [J].科技管理研究，2017，37（18）：134-142.

[171] 杜栋.企业技术创新评价的 DEA 方法 [J].系统管理学报，2001，10（1）：82-84.

[172] 段茜，黄梦醒，万兵，等.云计算环境下基于马尔可夫链动态模糊评价的供应链伙伴选择研究 [J].计算机应用研究，2014，31（8）：2403-2406.

[173] 段姗，蒋泰维，张洁音，等.区域企业技术创新发展评价研究——浙江省、11 个设区市及各行业企业技术创新评价指标体系分析 [J].中国软科学，2014（5）：85-96.

[174] 房建奇.企业家社会资本对科技型中小企业技术创新绩效作用机制研究 [D].长春：吉林大学，2020.

[175] 冯海昱.创新型企业评价指标体系研究 [D].南京：河海大学，2007.

[176] 冯进路，刘新民，龚毅，等.不同类型企业家创新方式选择研究

［J］. 外国经济与管理，2004（12）：6-9+20.

［177］奉小斌，陈丽琼.外部知识搜索能提升中小微企业协同创新能力吗？——互补性与辅助性知识整合的中介作用［J］.科学学与科学技术管理，2015，36（8）：105-117.

［178］高煌婷.青海省高新技术企业技术创新能力评价体系研究［J］.中国经贸导刊，2020（17）：59-61.

［179］高建，董秀成.中国石油企业技术创新评价指标体系构建与应用［J］.科学管理研究，2005，23（2）：20-23.

［180］高建伟，郭奉佳.基于改进前景理论的直觉模糊随机多准则决策方法［J］.控制与决策，2019，34（2）：96-103.

［181］高建伟，刘慧晖，谷云东.基于前景理论的区间直觉模糊多准则决策方法［J］.系统工程理论实践，2014，34（12）：3175-3181.

［182］高霞，陈凯华.基于SIPO专利的产学研合作模式及其合作网络结构演化研究——以ICT产业为例［J］.科学学与科学技术管理，2016，37（11）：34-43.

［183］古继宝，张英，管凯.知识密集型企业项目组间知识转移博弈分析［J］.科学学研究，2006，24（S2）：590-594.

［184］顾菁，薛伟贤.高技术产业协同创新研究［J］.科技进步与对策，2012，29（22）：84-89.

［185］桂黄宝，赵付民.基于模糊层次分析法（FAHP）的合作技术创新伙伴选择研究［J］.科学学与科学技术管理，2007，28（9）：50-54.

［186］郭海婷，谢丹，郑庆昌.福建省企业技术创新能力评价研究［J］.福建农林大学学报（哲学社会科学版），2016，19（6）：40-46.

［187］郭净，刘兢轶.要素协同视角下企业创新的内生性发展策略——对河北省科技型中小企业的调研［J］.经济研究参考，2015（64）：72-79.

［188］郭强华.创新速度的提升路径：自主研发还是协同创新——以高技术产业为例［J］.现代经济探讨，2019，446（2）：128-132.

［189］韩晨，高山行.市场学习、创新方式与企业多维绩效关系研究［J］.科技进步与对策，2017，34（7）：68-75.

［190］郝斌，李佳琳，万尚·弗利刚.企业间关系伙伴选择研究最新进展探析［J］.外国经济与管理，2014，36（1）：55-64.

［191］何丽君.高校协同创新影响因素的多维考察［J］.教育评论，2014（10）：3-5.

［192］何宁，夏友富.新一轮技术革命背景下中国装备制造业产业升级路径与评价指标体系研究［J］.科技管理研究，2018，38（9）：68-76.

［193］何玉梅，龚灏，黄晴.四川省工业企业自主创新能力评测体系研究［J］.科技进步与对策，2008，25（5）：125-129.

［194］何郁冰，张迎春.网络类型与产学研协同创新模式的耦合研究［J］.科学学与科学技术管理，2015，36（2）：62-69.

［195］何郁冰.产学研协同创新的理论模式［J］.科学学研究，2012，30（2）：165-174.

［196］贺灵，邱建华，易伟义.企业技术创新动力影响要素评价及其互动关系研究［J］.湖南大学学报（社会科学版），2011，25（6）：56-60.

［197］胡恩华.企业技术创新能力指标体系的构建及综合评价［J］.科研管理，2001，22（4）：79-84.

［198］胡军华，陈晓红，刘咏梅.基于语言评价和前景理论的多准则决策方法［J］.控制与决策，2009，24（10）：1477-1482.

［199］胡军华，周益文.基于前景理论的多准则决策方法［C］//2009年中国控制与决策会议论文集.桂林：2009年中国控制与决策会议，2009：2930-2934.

［200］胡振兴，张慧.中小企业市场性融资的结构体系与生态模型［J］.学习与实践，2014（3）：43-49.

［201］华金科，曾德明.技术标准联盟伙伴选择研究［J］.科技进步与对策，2007（2）：14-16.

［202］黄菁菁.基于协同创新模式的技术扩散路径研究［D］.大连：大连理工大学，2018.

［203］黄茂兴，廖萌.新冠肺炎疫情对我国中小企业的影响及应对策略［J］.福建论坛（人文社会科学版），2020（5）：59-68.

［204］黄玮强，庄新田.复杂社会网络视角下的创新合作与创新扩散［M］.北京：中国经济出版社，2012.

［205］惠宁，王敏，张璐.油气田企业技术创新及其协同评价体系构建［J］.科研管理，2016，37（S1）：188-192.

[206] 江文奇.基于前景理论和 VIKOR 的风险型模糊多准则决策方法 [J].控制与决策,2014,29(12):2287-2291.

[207] 蒋兴华,范心雨,汪玲芳.伙伴关系、协同意愿对协同创新绩效的影响研究——基于政府支持的调节作用 [J].中国科技论坛,2021(2):9-16.

[208] 解学梅,刘丝雨.协同创新模式对协同效应与创新绩效的影响机理 [J].管理科学,2015(2):27-39.

[209] 解学梅.科技产业集群持续创新系统运作及实证研究 [D].青岛:山东科技大学,2006.

[210] 金保锋,李凌,罗朝觉,等.企业产学研合作模式的选择及流程设计研究 [J].科技管理研究,2012,32(4):176-179.

[211] 蓝晓霞.整合产学研协同创新力量的若干思考 [J].中国高等教育,2014(5):17-20.

[212] 李柏洲,尹士.基于一致性的制造业企业伙伴选择多属性决策模型研究——合作创新视角 [J].运筹与管理,2018,27(6):6-13.

[213] 李柏洲,尹士.数字化转型背景下 ICT 企业生态伙伴选择研究——基于前景理论和场理论 [J].管理评论,2020,32(5):165-179.

[214] 李大庆,李庆满,单丽娟.产业集群中科技型小微企业协同创新模式选择研究 [J].科技进步与对策,2013,30(24):117-122.

[215] 李丹,王欣.辽宁省高技术产业创新能力评价研究 [J].科技管理研究,2016,36(7):83-88.

[216] 李恩极,李群.政府主导的产学研协同创新的利益分配机制研究 [J].研究与发展管理,2018,30(6):75-83.

[217] 李健,金占明.战略联盟伙伴选择、竞合关系与联盟绩效研究 [J].科学学与科学技术管理,2007(11):161-166.

[218] 李健,张杰,许翘楚.京津冀高新技术企业创新效率评价及效率提升路径 [J].科技管理研究,2020,40(12):64-69.

[219] 李江涛,韩雨佳,纪建悦.创新能力对企业经营绩效影响的实证分析——基于我国家电行业上市公司的经验数据 [J].科技管理研究,2017,37(20):1-6.

[220] 李妹,高山行.环境不确定性对渐进式创新和突破式创新的影响研

究［J］. 华东经济管理，2014，28（7）：131-136.

［221］李奇峰. 嵌入性视角下校企协同创新资源整合研究［D］. 大连：大连理工大学，2020.

［222］李随成，黄梦醒. 我国中小企业实行战略联盟的几个问题［J］. 经济管理，2002（12）：67-71.

［223］李随成，武梦超. 供应商整合能力对渐进式创新与突破式创新的影响——基于环境动态性的调节作用［J］. 科技进步与对策，2016，33（3）：96-102.

［224］李雪岩，李雪梅，李学伟，等. 基于情绪参照点的多主体自组织路径选择模型［J］. 系统管理学报，2017，26（2）：259-267.

［225］李玉潭. 美、日中小企业技术创新比较研究［J］. 现代日本经济，2005（5）：42-46.

［226］李珠瑞，马溪骏，彭张林. 基于离差最大化的组合评价方法研究［J］. 中国管理科学，2013，21（1）：174-179.

［227］梁超. 基于扎根理论的协同创新演化路径与模式的探索性研究［D］. 杭州：杭州电子科技大学，2018.

［228］梁洪松. 基于企业生命周期的组织创新动因作用机理研究［D］. 哈尔滨：哈尔滨工业大学，2008.

［229］梁杰，谢恩. 研发联盟多伙伴关系断层对企业创新绩效的影响研究［J］. 软科学，2020，34（4）：31-35.

［230］林燕燕，咸适，陈进. 企业生命周期与创新模式选择的博弈模型研究［J］. 科技进步与对策，2010，27（6）：67-71.

［231］刘丹，闫长乐. 协同创新网络结构与机理研究［J］. 管理世界，2013（12）：1-4.

［232］刘德海，于倩，马晓南，等. 基于最小偏差组合权重的突发事件应急能力评价模型［J］. 中国管理科学，2014，22（11）：79-86.

［233］刘衡，王龙伟，李垣. 竞合理论研究前沿探析［J］. 外国经济与管理，2009，31（9）：1-8.

［234］刘军. 整体网分析讲义：UCINET 软件实用指南［M］. 上海：格致出版社，2009.

［235］刘克寅，汤临佳. 基于异质性资源互补匹配的企业合作创新伙伴选

择方法 [J]. 科技管理研究, 2016a, 36 (21): 145-150+156.

[236] 刘克寅, 汤临佳.基于异质性要素匹配的企业合作创新作用机理研究 [J]. 科技管理研究, 2016b (7): 11-18.

[237] 刘克寅.基于异质性要素的企业合作创新匹配机理研究 [D]. 杭州: 浙江工业大学, 2015.

[238] 刘兰剑.创新的发生——网络关系特征及其影响 [M]. 北京: 科学出版社, 2010.

[239] 刘旻, 胡晓军, 王宏达.科技型中小企业合作创新模式初探 [J]. 现代财经, 2003, 23 (12): 56-58.

[240] 刘敏, 赵公民, 褚帅卿.科技金融与科技型中小企业协同演进的可视化研究 [J]. 科技管理研究, 2016, 36 (12): 34-39+51.

[241] 刘冉.我国中小企业成长的创新模式与机制研究 [D]. 北京: 北京工业大学, 2016.

[242] 刘泰谷.科技型中小企业产学研协同利益分配研究综述 [J]. 经济论坛, 2016 (1): 65-67.

[243] 刘耀, 黄新建, 张滨松, 等.创新型企业创新能力评价指标体系研究 [J]. 南昌大学学报 (人文社会科学版), 2008, 39 (1): 79-86.

[244] 刘永平, 阮平南.农村信用社战略合作伙伴选择与效果评价 [J]. 农业技术经济, 2015 (12): 89-98.

[245] 刘勇, Forrest Jeffrey, 刘思峰, 等.基于前景理论的多目标灰靶决策方法 [J]. 控制与决策, 2013, 28 (3): 345-350.

[246] 刘云志, 樊治平.基于前景理论的具有指标期望的多指标决策方法 [J]. 控制与决策, 2015, 30 (1): 91-97.

[247] 柳泉波, 何克抗.基于多主体的计算建模与仿真框架——社会科学领域发现式学习环境的构建 [J]. 电化教育研究, 2004 (1): 27-30.

[248] 卢纪华, 李艳.基于 DEA/AHP 的虚拟企业合作伙伴选择研究 [J]. 东北大学学报 (自然科学版), 2008, 29 (11): 1661-1664.

[249] 卢珊, 赵黎明.基于协同理论的创业投资机构与科技型中小企业演化博弈分析 [J]. 科学学与科学技术管理, 2011, 32 (7): 120-123.

[250] 吕璞, 韩美姝.产业集群协同创新风险度量——基于组合赋权的物元可拓模型 [J]. 科技进步与对策, 2017, 34 (8): 72-79.

［251］栾大龙，铉一民，姚彬，等.基于粗糙集—主成分分析的企业创新能力评价实证研究［J］.计算机工程与应用，2007，43（4）：207-209.

［252］罗小芳，李柏洲.企业原始创新产学研合作模式的选择——两种模式选择的演化博弈分析［J］.软科学，2014，28（8）：1-6.

［253］马家喜，金新元.基于联合决策的高校—企业协同创新模式选择研究［J］.软科学，2015，29（2）：61-67.

［254］马健，孙秀霞.基于效用曲线改进的前景理论价值函数［J］.信息与控制，2011，40（4）：501-506.

［255］马文聪，叶阳平，徐梦丹，等."两情相悦"还是"门当户对"：产学研合作伙伴匹配性及其对知识共享和合作绩效的影响机制［J］.南开管理评论，2018，21（6）：95-106.

［256］马贤娣，庄宇，安会刚.基于偏好型 DEA 的企业技术创新能力评价［J］.工业工程，2007，10（6）：109-113.

［257］马颖，谢莹莹，胡晶晶，等."双创"背景下的湖北基层企业科技创新能力评价研究［J］.科研管理，2018，39（4）：10-20.

［258］马宗国，张振鹏.中小企业 RJVs 伙伴选择的信任评价指标体系研究［J］.山东社会科学，2009（8）：94-97.

［259］毛才盛.服务外包产业集群创新能力的量化评价［J］.科技管理研究，2017，37（17）：93-98.

［260］宁连举，李萌.基于因子分析法构建大中型工业企业技术创新能力评价模型［J］.科研管理，2011（3）：51-58.

［261］彭新一，王春梅.区域高校科技创新能力与经济发展水平耦合协调研究［J］.科技管理研究，2018（3）：148-155.

［262］戚湧，魏继鑫.基于博弈理论的科技资源共享研究［J］.科技进步与对策，2015（9）：10-15.

［263］戚湧，张明，丁刚.基于博弈理论的协同创新主体资源共享策略研究［J］.中国软科学，2013（1）：149-154.

［264］秦娟，陈振颂，李延来.考虑专家风险偏好的物流服务供应商选择研究［J］.工业工程与管理，2016，21（2）：41-48+58.

［265］秦艳，朱晓杰，郑凤仙，等.航天企业技术创新能力评价体系研究［J］.航天工业管理，2020（6）：42-46.

［266］桑妍丽，钱宇华.一种悲观多粒度粗糙集中的粒度约简算法［J］.模式识别与人工智能，2012，25（3）：361-366.

［267］山西省统计局，国家统计局山西调查总队.山西省统计年鉴2019［M］.北京：中国统计出版社，2019.

［268］尚优，江文奇，王晨晨.基于前景理论和TOPSIS的地区反恐情报体系建设评估［J］.情报杂志，2016，35（9）：1-5.

［269］尚增健.渐进式技术创新：科技型中小企业的成长路径——成长型中小企业成长机理的个案分析［J］.管理世界，2002（6）：124-133.

［270］邵际树，余祖伟.基于灰色关联度的虚拟企业合作伙伴选择评价方法［J］.统计与决策，2016（23）：40-43.

［271］盛光华，张志远.补贴方式对创新模式选择影响的演化博弈研究［J］.管理科学学报，2015（9）：34-45.

［272］史永东，朱广印.管理者过度自信与企业并购行为的实证研究［J］.金融评论，2010（2）：73-82.

［273］史竹琴，朱先奇，王强，等.科技型中小企业创新联盟稳定性的演化博弈分析——基于协同创新的视角［J］.经济问题，2017（4）：91-96.

［274］史竹琴.科技型中小企业创新生态系统构建与运行机制研究［D］.太原：太原理工大学，2017.

［275］苏妮娜，朱先奇，高力平.基于前景理论的协同创新机制研究［J］.经济问题，2020a（3）：74-82.

［276］苏妮娜，朱先奇，史竹琴.技术共享对科技型中小企业协同创新联盟稳定性的影响［J］.工业工程与管理，2020b，25（2）：118-124.

［277］苏越良，罗剑宏.企业技术创新能力的灰色关联分析［J］.中南大学学报（社会科学版），2002（2）：120-122.

［278］粟进，宋正刚.科技型中小企业技术创新的关键驱动因素研究——基于京津4家企业的一项探索性分析［J］.科学学与科学技术管理，2014，35（5）：156-163.

［279］孙健，康旺霖，魏修华.电子行业的企业创新能力评价指标体系研究［J］.当代财经，2007（2）：76-80.

［280］孙丽华.科技型中小企业家能力及其对企业成长的影响研究［D］.济南：山东大学，2017.

[281] 孙朋，张骏，曾红斌.基于前景理论的一种犹豫模糊多属性群决策方法 [J]. 西北工业大学学报，2018 (4)：735-741.

[282] 孙荣臻.中低技术企业协同创新模式与机制研究 [J]. 科学管理研究，2019，37 (5)：104-108.

[283] 孙圣兰.基于模糊的创新动态联盟伙伴选择多属性决策模型 [J]. 运筹与管理，2015，24 (4)：36-40.

[284] 孙薇，马钦海，于洋.基于知识超网络的科技创新团队的组建方法 [J]. 科学学与科学技术管理，2013 (8)：166-171.

[285] 台德艺，徐福缘，胡伟.供需网企业合作利益分配机制 [J]. 系统工程，2015，33 (4)：68-74.

[286] 唐丽艳，王国红，张秋艳.科技型中小企业与科技中介协同创新网络的构建 [J]. 科技进步与对策，2009，26 (20)：79-82.

[287] 唐清泉，甄丽明.管理层风险偏爱、薪酬激励与企业 R&D 投入——基于我国上市公司的经验研究 [J]. 经济管理，2009，31 (5)：56-64.

[288] 陶建宏.企业高层管理团队行为特征对创新绩效的影响研究 [D]. 西安：西北大学，2013.

[289] 涂振洲，顾新.基于知识流动的产学研协同创新过程研究 [J]. 科学学研究，2013 (9)：1381-1390.

[290] 屠兴勇，赵紫薇，王泽英.渐进式创新绩效的影响因素研究 [J]. 科研管理，2018，39 (8)：72-79.

[291] 万荣，阎瑞霞.基于粗糙集和模糊层次分析法的客户需求权重确定方法 [J]. 科技管理研究，2018 (4)：204-208.

[292] 万幼清，胡强.产业集群协同创新的风险传导路径研究 [J]. 管理世界，2015 (9)：178-179.

[293] 汪忠，吴琳，张乾梅，等.基于模糊综合评价法的社会企业合作伙伴选择研究 [J]. 财经理论与实践，2013，34 (4)：104-108.

[294] 王丹，赵新力，郭翔宇，等.国家农业科技创新理论框架与创新能力评价——基于二十国集团的实证分析 [J]. 中国软科学，2018 (3)：18-35.

[295] 王冬玲.合作伙伴多元化、外部知识环境特征与企业创新绩效的关系研究 [J]. 预测，2020，39 (3)：18-26.

[296] 王发明，刘丹.产业技术创新联盟中焦点企业合作共生伙伴选择研

究 [J]. 科学学研究, 2016, 34 (2): 246-252.

[297] 王国红, 刘隽文, 邢蕊. 竞合视角下中小企业协同创新行为的演化博弈模型研究 [J]. 中国管理科学, 2015 (S1): 662-666.

[298] 王建飞, 项莹. 基于熵权法和模糊综合评价法的浙江省医疗器械产业自主创新能力研究 [J]. 产业与科技论坛, 2017 (1): 86-88.

[299] 王建平, 吴晓云. 制造企业知识搜寻对渐进式和突破式创新的作用机制 [J]. 经济管理, 2017 (12): 58-72.

[300] 王洁, 曹莉莎. 区域创新体系视角下的科技创新能力评价研究——以东莞为例 [J]. 科技管理研究, 2014, 34 (12): 63-67.

[301] 王举颖, 赵全超. 集群环境下科技型中小企业协同进化研究 [J]. 中国科技论坛, 2009 (9): 58-62.

[302] 王娟. 科技型中小企业技术创新路径研究——以知识管理为视角 [J]. 技术经济与管理研究, 2018 (12): 8+51-54.

[303] 王岚. 中卫型企业集群知识分享的演化博弈分析 [J]. 科技管理研究, 2009, 29 (8): 465-467.

[304] 王立新, 曹梅英. 技术创新与产业升级的互动机制 [J]. 系统工程, 2018, 36 (6): 41-50.

[305] 王立新, 高长春, 任荣明. 企业创新能力的评价体系和评价方法研究 [J]. 东华大学学报 (自然科学版), 2006, 32 (3): 34-37.

[306] 王鹏娜. 科技型中小企业协同创新网络研究 [J]. 统计与管理, 2017 (8): 164-165.

[307] 王青云, 饶扬德. 企业技术创新绩效的层次灰色综合评判模型 [J]. 数量经济技术经济研究, 2004, 21 (5): 55-62.

[308] 王树林, 戴兵. 基于模糊积分评价法的企业自主创新能力评价研究 [J]. 科技管理研究, 2008 (6): 87-89.

[309] 王婉娟, 危怀安. 协同创新能力评价指标体系构建——基于国家重点实验室的实证研究 [J]. 科学学研究, 2016, 34 (3): 471-480.

[310] 王翔. 基于熵和前景理论的大型制造企业供应商评价研究 [J]. 软科学, 2015, 29 (7): 131-135.

[311] 王萧萧, 蒋兴华, 朱桂龙, 等. 伙伴特性, 伙伴关系与协同创新绩效——基于"2011 协同创新中心"的实证研究 [J]. 中国科技论坛, 2018

（4）：15-24.

［312］王笑言，王节祥，蔡宁.联盟组合的形成机理研究——前景理论视角［J］.科学学研究，2016，34（3）：395-403.

［313］王兴秀，李春艳.研发合作中伙伴多样性对企业创新绩效的影响机理［J］.中国流通经济，2020（9）：89-99.

［314］王耀德，林良.基于互信息的中部地区产学研协同创新关系研究［J］.情报杂志，2018，37（12）：195-201.

［315］王应明，阙翠平，蓝以信.基于前景理论的犹豫模糊 TOPSIS 多属性决策方法［J］.控制与决策，2017，32（5）：864-870.

［316］王玉荣，李宗洁.互联网+场景模式下反向驱动创新研究［J］.科技进步与对策，2017，34（20）：7-14.

［317］王元芳，徐业坤.保守还是激进：管理者从军经历对公司风险承担的影响［J］.外国经济与管理，2019，41（9）：17-30+46.

［318］王正新，党耀国，裴玲玲，等.基于累积前景理论的多指标灰关联决策方法［J］.控制与决策，2010，25（2）：232-236.

［319］魏江，寒午.企业技术创新能力的界定及其与核心能力的关联［J］.科研管理，1998（3）：38-42

［320］魏江，许庆瑞.企业创新能力的概念、结构、度量与评价［J］.科学管理研究，1995（5）：50-55.

［321］魏瑞斌.社会网络分析在关键词网络分析中的实证研究［J］.情报杂志，2009，28（9）：46-49.

［322］吴翠花，万威武，祁敬宇.动态环境下科技型中小企业技术联盟博弈分析［J］.科学学与科学技术管理，2005，26（6）：147-150.

［323］吴杰，胡达沙，李勇军.科技型中小企业技术创新的外部资源协同研究［J］.科技管理研究，2005（11）：172-174.

［324］吴洁，吴小桔，李鹏，等.基于累积前景理论的联盟企业知识转移演化博弈分析［J］.运筹与管理，2017（3）：92-99

［325］吴克晴，冯兴来.改进的复制动态方程及其稳定性分析［J］.纯粹数学与应用数学，2015，31（3）：221-230.

［326］吴庆斌，王美琴.基于灰度关联分析的移动医疗行业及其相关产业研究［J］.科技管理研究，2017，37（21）：171-174.

[327] 吴松强,曹刘,王路.联盟伙伴选择、伙伴关系与联盟绩效——基于科技型小微企业的实证检验 [J]. 外国经济与管理,2017,39(2):17-35.

[328] 吴岩.基于主成分分析法的科技型中小企业技术创新能力的影响因素研究 [J]. 科技管理研究,2013,33(14):108-112.

[329] 武华,张文松.生态位视域下科技型中小企业初创期的成长动力及发展策略 [J]. 企业经济,2019(1):27-33.

[330] 武艳君.行业特色型大学协同创新合作伙伴选择影响因素及评价研究 [D]. 哈尔滨:哈尔滨工程大学,2015.

[331] 夏维力,吕晓强.基于 BP 神经网络的企业技术创新能力评价及应用研究 [J]. 研究与发展管理,2005,17(1):50-54.

[332] 夏阳,顾新.科技型中小企业的知识产权投融资风险管理 [J]. 科学学与科学技术管理,2012,33(9):98-104.

[333] 肖黎明,杨赛楠.生态文明视域下资源型区域技术创新能力评价 [J]. 科技管理研究,2016,36(16):250-255.

[334] 谢申祥,范鹏飞,郭丽娟.互联网对企业生存风险的影响与异质性分析 [J]. 数量经济技术经济研究,2021,38(3):140-159.

[335] 邢小强,葛沪飞,仝允桓.反向创新的概念辨析、路径划分与研究框架 [J]. 科研管理,2016,37(10):26-34.

[336] 熊伟,奉小斌,张群祥.持续改进与渐进式创新整合:基于组织学习视角 [J]. 科技进步与对策,2010,27(18):13-16.

[337] 熊曦,窦超,关忠诚,等.基于 R&D 经费筹集来源的工业企业技术创新效率评价 [J]. 科技进步与对策,2019,36(3):130-137.

[338] 徐海军,田晓丽,徐泽水.基于犹豫模糊语言信息的前景决策方法 [J]. 中国管理科学,2018,26(8):179-185.

[339] 徐建中,徐莹莹.政府环境规制下低碳技术创新扩散机制——基于前景理论的演化博弈分析 [J]. 系统工程,2015(2):118-125.

[340] 徐立平,姜向荣,尹翔.企业创新能力评价指标体系研究 [J]. 科研管理,2015(S1):122-126.

[341] 徐淑平.科技型中小企业的协同进化研究 [J]. 商场现代化,2006(27):84-85.

[342] 徐松屹.制造类企业资源与竞争战略匹配关系研究 [D]. 杭州:浙

江大学，2007.

[343] 许芳，李建华.企业生态位原理及模型研究 [J].中国软科学，2005（5）：131-138.

[344] 薛萌.供应链伙伴特性、关系资本对供应链融资绩效的影响研究 [D].西安：西安理工大学，2020.

[345] 薛伟贤，张娟.高技术企业技术联盟互惠共生的合作伙伴选择研究 [J].研究与发展管理，2010，22（1）：82-89.

[346] 颜军梅.高校产学研协同创新模式分类及实现路径研究 [J].科技进步与对策，2014，31（18）：27-31.

[347] 阳银娟.知识伙伴对企业创新绩效的影响研究 [D].杭州：浙江大学，2015.

[348] 杨波，徐升华.基于多智能体建模的知识转移激励机制的演化博弈模型与仿真 [J].计算机工程与科学，2010，32（6）：162-166.

[349] 杨东奇，张春宁，徐影，等.企业研发联盟伙伴选择影响因素及其对联盟绩效的作用分析 [J].中国科技论坛，2012（5）：116-122.

[350] 杨敏，熊则见.模型验证——基于主体建模的方法论问题 [J].系统工程理论与实践，2013，33（6）：1458-1470.

[351] 杨彤骥，杨红玉，王新海.创新过程中的战略选择的变化 [J].统计与决策，2010（20）：169-173.

[352] 杨新子，汪波.科技型中小企业科技成果转化过程中的动态博弈分析 [J].天津大学学报（社会科学版），2008，10（5）：385-388.

[353] 姚潇颖，卫平，李健.产学研合作模式及其影响因素的异质性研究——基于中国战略新兴产业的微观调查数据 [J].科研管理，2017，38（8）：1-10.

[354] 姚艳虹，夏敦.协同创新动因——协同剩余：形成机理与促进策略 [J].科技进步与对策，2013，30（20）：1-5.

[355] 叶飞，孙东川.面向全生命周期的虚拟企业组建与运作 [M].北京：机械工业出版社，2005.

[356] 伊迪丝·彭罗斯.企业成长理论 [M].赵晓，译.上海：上海三联书店，2007.

[357] 尹建华，王兆华，苏敬勤，等.科技型中小企业的协同管理研究

[J]. 中国软科学，2001（7）：22+98-100.

[358] 尹新悦，谢富纪.中国后发企业技术赶超中技术模仿强度对企业绩效的影响——创新能力的中介作用［J］. 软科学，2020，34（1）：31-37.

[359] 尹贻梅，刘志高，刘卫东.路径依赖理论及其地方经济发展隐喻［J］. 地理研究，2012，31（5）：782-791.

[360] 游达明，黄曦子.突破性技术创新联盟伙伴选择评价指标体系研究［J］. 求索，2016（12）：121-126.

[361] 于娱，施琴芬.产学研协同创新中知识共享的微分对策模型［J］. 中国管理科学，2013，21（S2）：684-690.

[362] 余佳，游达明.考虑风险厌恶特征的供应链竞合模式比较研究［J］. 系统工程理论与实践，2019，39（8）：2091-2104.

[363] 余颖，伍青生，汤凌冰.新产品开发外部合作伙伴的多样性与项目开发绩效的关系研究［J］. 软科学，2015，29（11）：50-55.

[364] 俞慧刚.从合作博弈到利益均衡：高校学生社团与企业合作的动态演化过程［J］. 高教探索，2020（2）：77-82.

[365] 袁茜.合芜蚌国家自主创新示范区技术创新能力评价研究［D］. 合肥：安徽大学，2017.

[366] 袁宇涛，刘云.基于动态能力的企业技术创新评价体系研究［J］. 科学学与科学技术管理，2005，26（4）：57-61.

[367] 曾建敏.实验检验累积前景理论［J］. 暨南大学学报（自然科学版），2007，28（1）：47-50+68.

[368] 斎藤優.技術移転論［M］. 东京：文眞堂，1979.

[369] 张发明.一种融合相似与差异特征的组合评价方法及应用［J］. 系统管理学报，2013，22（4）：498-504.

[370] 张婧，何勇，段艳玲.渐进式创新与激进式创新：前因变量、绩效结果和交互作用［J］. 中国科技论坛，2014（5）：5-9+15.

[371] 张敬文，江晓珊，徐莉.战略性新兴产业技术创新联盟合作伙伴选择及评价研究——基于技术生态位视角［J］. 科技管理研究，2016，36（5）：127-132.

[372] 张明，唐振民，徐维艳，等.可变多粒度粗糙集模型［J］. 模式识别与人工智能，2012，25（4）：709-720.

［373］张思磊，施建军.企业技术创新评价体系：文献综述及概念框架［J］.科技进步与对策，2010，27（2）：157-160.

［374］张伟，郭立宏，张武康，等.渐进式与激进式业态创新对财务绩效和竞争优势的影响研究［J］.科技进步与对策，2017，34（24）：25-32.

［375］张应语，李志祥.基于管理风险偏好量表的管理风险偏好实证研究——以大型国有企业管理人员为例［J］.中国软科学，2009（4）：175-184.

［376］张影.跨界创新联盟资源整合机制研究［D］.哈尔滨：哈尔滨理工大学，2019.

［377］张永安，田钢.多主体仿真模型的主体行为规则设计研究［J］.软科学，2008（3）：14-19.

［378］赵东霞，郭书男，周维.国外大学科技园"官产学"协同创新模式比较研究——三螺旋理论的视角［J］.中国高教研究，2016（11）：89-94.

［379］赵红，杨震宁.资源知识属性、学习能力与IJVs控制权演进：跨案例研究［J］.科研管理，2020，41（6）：130-138.

［380］赵金辉，关文革，尹立杰.云制造环境中考虑心理预期的合作伙伴选择［J］.计算机工程与科学，2017，39（6）：1193-1200.

［381］赵隆，于宏源.创新伙伴关系的次级维度——基于跨国城市联盟的欧亚创新合作探析［J］.国际展望，2019，11（5）：116-132+157.

［382］郑法川，张学良.开发区有助于小微企业创新吗——来自中国小微企业调查的经验证据［J］.现代经济探讨，2021（8）：93-105.

［383］钟安原.基于共词分析法的主体建模研究热点分析［J］.信息与电脑（理论版），2020，32（4）：158-159.

［384］钟智.高新技术企业技术创新能力评价指标体系研究［J］.时代金融，2015（5）：299+301.

［385］周江华，李纪珍，李碧清，等.合作与企业国际化创新：政府参与的调节作用［J］.科研管理，2018，39（5）：46-55.

［386］周霞，何健文.民营科技企业技术创新能力评价模型与实证研究——基于模糊理论的视角［J］.科技管理研究，2011，31（13）：39-43+55.

［387］朱武祥，张平，李鹏飞，等.疫情冲击下中小微企业困境与政策效率提升——基于两次全国问卷调查的分析［J］.管理世界，2020（4）：13-26.

［388］朱旭强.风险偏好对不同类型科技企业融资渠道有效性的研究

[J]．商业时代，2010（6）：58-59.

[389] 邹林全.企业创新能力评价的比较 [J]．统计与决策，2008（8）：184-186.

[390] 邹坦永.渐进式科技创新推动产业升级：文献述评及展望 [J]．西部论坛，2017，27（6）：17-26.

附录 科技型中小企业产学研协同创新访谈调研大纲

（1）请简要介绍贵企业的主营业务。

（2）请简要介绍贵企业创始团队的背景。

（3）请简要介绍贵企业的发展历程。

（4）请简要介绍贵企业的人才状况及研发团队情况。

（5）面向的客户类型是什么，是技术购买，还是项目改造？

（6）贵企业的管理者的社会资本对企业绩效有怎样的影响？

（7）贵企业在发展过程中主要的瓶颈有哪些？

（8）太原市高新技术开发区在贵企业发展过程中主要起到了哪些作用？您对该高新区的评价如何？

（9）您认为山西省科技型中小企业的竞争状况如何，与其他发达城市相比有哪些优势和劣势？

（10）贵企业在发展过程中考虑过和上下游企业合作吗？（若有合作，请给出具体合作案例；若不考虑，请说明具体原因）

（11）贵企业在发展过程中考虑过和同质企业合作吗？（若有合作，请给出具体合作案例；若不考虑，请说明具体原因）

（12）贵企业在自主研发或者合作研发过程中是否有过研发失败的经历？失败发生在哪个阶段，具体情况如何？

（13）贵企业在发展过程中有没有和其他企业进行过合作，合作的效果如何？

（14）贵企业在发展过程中获得过政府的哪些支持？支持的力度和效果如何？

（15）贵企业接收政策是通过哪些渠道，是他人告知，还是高新技术开发区告知，抑或是自己研究？

（16）贵企业在发展过程中接受过哪些高校和科研机构的支持？支持的力度和效果如何？

（17）贵企业在发展过程中接受过哪些公共服务平台的支持？支持的力度和效果如何？

（18）创新生态系统中作为重要组成要素的中介服务机构有哪些？

（19）贵企业在发展过程中接受过哪些行业协会的支持？支持的力度和效果如何？